Les Vies de Gustave

DU MÊME AUTEUR

Éditions Au-delà du raisonnable
ATTILA ET LA MAGIE BLANCHE, 2010.

Éditions Demeter
GRIMOIRE DE SABLE, avec Anne-Marie Thomazeau, 2011.

Le Transbordeur LES CENT FEMMES DU GREC (Constantin), 2007.

Après la Lune
CHINOIS VERT MOUILLÉ, 2007 ; SOUS LA PEAU DU MONDE, 2007 ; CONSTANTIN ET LES 40 CANARDS, 2010 ; L'ANNÉE DE TOUS LES TANGER, 2011.

Librio MASSILIA DREAMS, 2007.

In 8 INDIEN BLANC, 2007.

Hors commerce
DU SOLEIL DANS LA TÊTE, 2001 ; L'ÉCOLE DANS LES NUAGES, 2002.

Jigal
LE BAISER DU CONGRE, BLEU SUR LA PEAU, 1998 ; LE JOBI DU RACATI, LA GIRELLE DE LA BELLE DE MAI, 1999 ; LE ROYAUME DE DÉGUN, DU SEL PLEIN LES YEUX, 2000 ; PLEURE PAS LE MISTRAL SE LÈVE, LE CŒUR ENRAGUÉ, 2001 ; LE CAFOUTCHI DU DIABLE, LA MUE DE LA CIGALE, 2002 ; L'ANTICYCLONE DES AÇORES, 2003 ; BADA D'AMOUR, 2005 ; L'ESPINCHEUR DES ACCOULES, 2006 ; VOGUE BEL ENGATSEUR, 2007 ; LES QUATRE SUEURS DU JUGE, 2008.

L'Écailler du Sud
MÉMOIRES D'UN GOÛTE-SAUCE, dessins de Chantal Hocdé, 2002.

Les Beaux Jours PLAGES ET CALANQUES DE MARSEILLE, 2001.

CLC (jeunesse)
LE BOITEUX SERBE, 2003 ; L'ASIATE AUX YEUX VERTS, 2004 ; GWENDOLINE SE NÈGUE, avec Luce Michel, 2006.

Le Lutin malin (enfant)
CAPTAIN SOLAL ET SHABADA, dessins Chantal Hocdé, 2004.

Gilles Del Pappas

Les Vies de Gustave

Roman

Au-delà du raisonnable

Petite mise en garde très, très précise

Il est évident que les héros du livre sont nés dans mon imagination et ne pourront en aucune manière être imputés à telle ou telle personne vivante ou ayant vécu. Paranos, timbrés, jobastres, calus, dévariés de tout poil, passez encore une fois votre chemin, je vous en prie, y a que dalle pour vos pauvres faces de caramantrans !

Malgré cela, si certains s'accrochent, s'ils croient se reconnaître dans l'un ou l'autre de ces personnages, eh bien, dans la plupart des cas, je les plains, peuchère d'eusses !

Qu'ils aillent tous se faire scoundre, et pas chez les Grecs, s'il vous plaît ! C'est vrai ça, on pourrait un peu changer, non ?

Enfin, l'histoire de Massalia. Fatche ! Pour la connaître, celle-là, faut te lever matin ! Surtout la contemporaine ! Parce que les gros marlous qui tiennent réellement les clés de la ville, ils ne lui laissent pas souvent sortir le museau dehors, à cette traînée. À force de lui faire dire ce qu'ils veulent, elle n'a plus trop la tête de la jeune vierge immaculée, la belle histoire !

Pour le reste de ce roman, il n'est rien d'animé qui existe vraiment dans ce monde de fantasme, d'électronique, de papier et d'encre. Que dalle, niets, queuts !

Grand merci à Pierre Gailhanou qui m'a aidé dans mes recherches sur la religion – j'avoue que je suis un vrai mécréant –, il a dû être réellement patient. Également merci à M. Michel Ageorges qui m'a fourni une épaisse documentation sur la Vierge de la Garde, et qui nous a malheureusement quittés depuis. Je n'ai pas pu lui offrir ce livre, il sera pour sa femme…

Gilles Del Pappas

www.delpappas.fr

Les jardins de la côte où brûlent les oranges
Les citrons et le myrte, au matin comme au soir,
Élèvent leur parfum à travers les cordages.

J'entends des chants d'amour, et comme des appels
De détresse lancés par les grands voiliers noirs
Qui heurtent dans la nuit mille ennemis étranges.

Je songe à tous ces cœurs qui sont tournés vers vous,
À ces reconnaissants qui montent la colline
Lorsque Marseille dort dans la torpeur d'été.

Louis Brauquier
Litanies pour Notre-Dame-de-la-Garde

Il est des lieux qui tirent l'âme de sa léthargie,
des lieux enveloppés, baignés de mystère,
élus de toute éternité pour être le siège de
l'émotion religieuse […]
Il y a des lieux où souffle l'esprit.

Maurice Barrès
La Colline inspirée

1

Et lui ayant ôté ses vêtements,
ils lui mettent un manteau écarlate ;
et ayant tressé une couronne d'épines,
ils la mettent sur sa tête,
et un roseau dans sa main droite ;
et fléchissant les genoux devant lui,
ils se moquent de lui, disant :
« Salut, roi des Juifs ! »

Le poids dense, compact du ciment dans la bassine en zinc lui emprisonne les pieds et l'entraîne irrémédiablement dans l'eau noire, vers un destin sans couleurs, sans odeurs, sans sensations. Le couloir du non-sens.

Ce qui le frappe en premier, c'est le calme nouveau. Là-haut, à l'extérieur du liquide, il fait une tempête terrible, un estrambord de tous les diables. Le mistral tourne largo. Un mistral à déraber la queue des ânes !

Le bruit sous l'eau est répercuté, mais fortement atténué. Immédiatement la descente est rapide. Il sent ses cheveux, qu'il porte généralement assez longs et retenus en arrière par une couche de brillantine Gomina, brutalement attirés sur le haut de son crâne et flotter telle une traîne sur la tête d'une vierge s'apprêtant au sacrifice ultime du mariage.

« Cette fois, ça y est ! »

La pente brutale n'est pas, malgré la situation, sans lui rappeler les courses qu'il faisait en voiture, à fond sur la petite route qui longe le bord de mer… La corniche. C'est la dernière image qu'il emporte avec lui pour l'enfer : une suite de petites lumières jaunâtres qui forme un collier brillant au cou de Marseille, sa ville folle qu'il aime tant.

Le vieux Corse qui commandait la troupe lui avait gentiment expliqué :

– Tu comprends niston, c'est pas notre faute. Nous, on t'en veut pas. Mais on est obligés… avec ce que tu as fait !

Il avait hoché la tête, un peu désespéré, mais compréhensif. Un des hommes frissonnait malgré son gros manteau de laine, inquiet d'être sorti en barquette par ce zef violent.

Il n'avait pu s'empêcher de tenter le coup :

– Bien sûr. Faites votre travail les gars, mais… Tout de même… Vous êtes sûrs qu'il n'y a pas d'autres moyens ?

Le Corse avait secoué le cigare :

– On peut pas, petit. On peut pas.

Ils ne pouvaient pas. Normal, c'était la guerre.

Pas la guerre qui secouait les nations avec les nationalistes et les fleurs aux canons. Non, non, celle-là était finie. Bien finie. Et elle avait eu son comptant de cadavres. Maintenant, les gens sortaient de la boucherie un peu hébétés, avec de nouveau l'envie de vivre et l'espoir que cela ne recommencerait jamais. Pas avant longtemps, en tout cas. Non, c'était d'une autre guerre qu'il s'agissait, une bataille tronche à tronche.

Il est content de mourir avec la pleine lune là-haut qui brille d'une lumière surnaturelle. C'est ainsi quand le mistral souffle courbant les pins jusqu'à les faire ressembler à leurs confrères japonais, rabotant les caractères, obligeant les humains à se taire. Ce vent rappelait aux hommes que la nature pouvait être puissante. Il éliminait toutes les pollutions de la grande ville, rendant ainsi son ciel extrêmement lumineux, intact. S'il avait été un tant soit peu mystique, c'est à ce moment-là que son esprit communierait le mieux avec l'au-delà. Il y avait dans ces cieux vierges de toute salissure comme un signe du souffle divin.

C'était marrant ce genre de pensées à l'instant de mourir. Il manque d'éclater de rire, ce qui l'aurait instantanément tué, étouffé… noyé.

Et étant arrivés au lieu appelé Golgotha,
ce qui signifie lieu du crâne,
ils lui donnent à boire du vinaigre mêlé de fiel ;
et l'ayant goûté, il n'en veut pas boire.

Il se retient à temps d'avaler l'onde.

Lui, croire à ces fariboles !

Il retiendrait son souffle, il lutterait jusqu'à la fin, c'était dans son caractère d'orphelin. Quand on s'en sortait, déjà si niston, c'est qu'on était blindé.

L'eau n'est pas froide, mais il ne se laisse pas avoir car il connaît le phénomène. C'est la différence de température avec l'extérieur qui trompe. Lorsqu'ils l'ont jeté nu – en fait, pour empêcher toute identification au cas bien improbable où sa dépouille aurait été repêchée un jour –, les poils de son corps se sont hérissés de froid.

Il envoie un bref regard vers le bas. Le fond est noir d'encre, inquiétant.

Plus que de mourir, c'est le rien qui lui fait peur, le déstabilise.

Ça le ramène quelques années en arrière, du temps où il était passé de chez lui au premier foyer pour orphelins. Un lieu sordide. Il n'y avait plus de place dans les chambres, le religieux qui s'occupait des derniers arrivés l'avait fait coucher dans un réduit sans électricité.

– Ce sera mieux demain. Un garçon part, tu auras sa place. Mais pour aujourd'hui…

Il avait connu la vraie peur, le noir, l'insécurité. Chez lui, avant, tout était brillant, éclairé, propre.

Il avait pleuré, et même pissé au lit. Lorsque le responsable l'avait constaté, il l'avait obligé à laver les draps sous les quolibets des autres pensionnaires, et le concierge de l'orphelinat en avait rajouté en lui filant une beigne.

– Tu n'as pas honte ? À ton âge !

Non, de ça il n'avait pas honte. Par contre, la gifle, appliquée pourtant sans méchanceté, plutôt comme un rappel pédagogique au bon ordre du centre, il l'avait reçue comme une insulte suprême. C'était la première fois qu'on portait la main sur lui. Même aujourd'hui, dans l'antichambre de la mort, il ressent encore l'humiliation terrible et toujours la brûlure honteuse.

Une ombre le frôle, peut-être un bogue curieux ou un loup solitaire chassant les proies à sa mesure…

Son corps pâle dans l'eau, encore vaguement éclairé par la lune là-haut, se détache dans le sombre de la mer, blanc bleuté. Il est nu et léger… À part le poids qui l'attire vers le bas, vers le bout du monde.

Tout ça, c'était la faute à ses putains de parents ! Pourquoi l'avaient-ils abandonné une chaude nuit d'été ? Évidemment, la raison le pousse à leur pardonner. La maladie… Mais, enfant, il ne l'entendait pas de cette oreille. Pour lui, ils l'avaient juste abandonné. Depuis, il se sentait toujours seul. Toujours ! Et ne faisait confiance à personne. Non, à personne ! Ni ami, ni femme, ni chien. Dégun.

Le jour continue immuablement,
le vol de la colombe est toujours aussi lourd.
Devant le poids de la croix qu'ils l'obligent à porter,
il trébuche, et tombe lourdement sur le sol.

Quand ce sera trop, il aspirera longuement une grande goulée, autant que ça se termine en beauté !

Sans y penser, presque instinctivement, il remue ses pieds ankylosés par le poids.

« Merde ! C'est pas vrai ? »

De surprise, il a failli se néguer.

Son cœur manque un battement. C'est incroyable mais ses pieds ont bougé. Un espoir fou monte en lui. Il se penche en avant pour toucher le ciment dans la bassine.

« Con de Manon ! »

Les crétins qui l'ont balancé n'ont pas fait leur travail correctement. Ils étaient trop pressés et le ciment n'a pas eu le temps de sécher. Maintenant, il se délite rapidement.

« Vite, vite ! »

L'espoir revient instantanément chez Gustave, il sent brusquement son cœur s'emballer. Mais il va falloir faire fissa, et aussi ne pas s'affoler, faire les choses tranquillement, il a encore un peu de temps. Jésus, son vieil ami, disait que dans l'action il fallait toujours être au maximum de ses possibilités et, surtout, jamais au grand jamais perdre l'espoir.

Ne pas baisser les bras ! Être un battant !

Incroyable, déjà un pied est sorti de la bassine ! Le deuxième résiste, il tire de toutes ses forces, sentant la peau céder par endroits et l'eau sur les plaies vives le fait grimacer. Mais qu'est-ce qu'un peu de peau lorsque la vie est en jeu ?

Libre !

Il a réussi.

La bassine poursuit seule sa course vers un fond sans vie, le ciment s'effrite sur ses pieds. Il va s'en sortir ! Il ne s'affole pas, car il sait que c'est le meilleur moyen de périr. La panique en mer tue plus sûrement que n'importe quelle tempête.

« Calme ton cœur. »

Il doit remonter en utilisant le moins de réserves possibles. Pas de gestes inutiles.

« À combien suis-je descendu ? Vingt mètres ? Trente ? Quarante ? Plus ? »

Les bras collés le long du corps, la tête levée vers cette lumière là-haut qui inonde son panorama, il exécute de grandes poussées douces et régulières avec ses jambes.

« Heureusement que je suis un gars de la Martiale ! »

Et c'est vrai qu'il a du souffle. Bien qu'il n'ait pas vécu sa petite enfance ici, il se considère comme faisant partie de cette ville. Ce n'était pas le dernier dans les concours de plongée lorsqu'ils partaient en bande faire les oursins sur la jetée qui longe la ville. La mer lavait tout. Il songea aux femmes qu'il avait eues. Il n'en restait rien. Rien que des regrets…

Au-dessus, une lumière vive se détache dans le noir. Cette boule grossit, grossit…

– Haaa !

Son corps sort presque de moitié hors de l'eau. L'air lui brûle les poumons. Il rit, crache, tousse. Heureux.

Il exulte :

– Je vous emmerde, bande de manjiapans, allez sucer les os de vos morts ! Je suis vivannnnnt !

Sur la mer, déjà loin, s'éloigne le fanal du pointu qui emporte ses assassins vers la goutte de garlaban, l'alcool du coin, qui récompensera leur forfait qu'ils ne savent pas loupé. Là-haut, au-dessus des hommes, scintille d'un éclat doré insoutenable, correspondance heureuse avec la lune, la Vierge de la Garde.

La lumière brille plus fort,
il se relève et poursuit sa montée vers son destin.

Alors, une fois nettoyé de la gangue grisâtre du ciment, il se met à nager vers cette lumière d'or, attiré par elle comme un papillon par la flamme. Une impression de rêver.

Vivant ! Il entend dans sa tête son cœur battre gaiement. Malgré le froid, il sourit. Il sort le moins possible la tête hors de l'eau maintenant car, à la surface, le vent s'en donne à cœur joie, essayant de raboter tout ce qui dépasse. Avec des hurlements de dément, le mistral retrousse la mer en de courtes vaguelettes glacées. Pourtant, à vingt centimètres à peine sous la surface, l'eau est encore chaude du cagnard de la journée. Il garde son cap vers la luminescence dorée qu'il parvient encore à distinguer malgré l'eau qui lui fouette la figure.

L'image déformée par la mer salée lui brûle les yeux.

Il nage doucement, tranquillement, alors qu'à l'intérieur il éclate de rire à chaque brassée.

La mer est son amie. Et, encore une fois, elle l'aide.

Il a un plan, bien sûr. Son esprit est vif, il a l'impression que des étincelles crépitent dans sa tête. Faux passeport chez Nictengale, le Noir, un spécialiste qui lui doit bien ça, et puis l'Algérie avec la compagnie Paquet, le Maroc, et enfin l'Espagne où, dit-on, les réseaux sont encore bien actifs. Si le travail n'est pas possible, à cause des policiers assez coriaces, eh bien, alors, il faudra s'expatrier carrément en Amérique.

C'est ça, en Amérique. Le royaume de la débrouillardise, des groupes dirigeants encore instables, des places au soleil à pourvoir pour des mecs malins et déterminés. Des mecs comme lui.

Bientôt il aperçoit l'îlot fortifié Degaby, juste en face. Quand il était enfant, on lui a raconté qu'un archiduc avait fait construire ce fortin pour y abriter le corps de sa maîtresse, une célèbre danseuse de la Belle Époque. Amoureux désespéré, il aurait même fait creuser un tunnel sous la mer de sa villa jusqu'à l'île pour aller se recueillir secrètement sur la tombe de son aimée. Gustave contourne l'île et ne s'arrête que derrière l'îlot Maldormé, à l'aplomb du lieu-dit Malmousque, tout près de l'anse de la Fausse-Monnaie. Pour souffler.

De toute façon, il est sauvé !

Il tombe encore.
À ce moment, il voit Marie-Madeleine qui se penche vers lui
et lui essuie le visage avec son mouchoir.

Il respire un instant à l'abri du vent.

Combien de fois, du tramway ou de sa Citroën, en compagnie d'une jolie galinette, n'a-t-il pas, pour les yeux de la belle, jeté quelques sous dans la mer du haut de la falaise en faisant un vœu de bonheur ou de fortune ?

Oui, la chance !

Il se repose dans l'eau, accroché à un rocher, sa poitrine se soulève régulièrement, il écoute la nature déchaînée, il pense : « La ville fait le dos rond. »

Il récupère, soufflant doucement, régulièrement, comme il a vu faire les sportifs. Il sourit toujours et il lui semble que, pour le restant de sa vie, il va garder ce sourire accroché à ses traits. Il ne lui reste que peu de chemin à couvrir pour retrouver la terre ferme.

Tout à coup, une souffrance fulgurante au niveau de la cuisse.

– Con d'abbé ! Une crampe !

Doucement, il fait quelques mouvements d'assouplissement et, petit à petit, l'impression d'étau s'éloigne. Il ne reste qu'une douleur sourde dont il peut aisément s'accommoder.

Il reprend son périple dans la mer, tout droit vers la terre et, bientôt, se retrouve sur une minuscule plage de galets blancs qui brillent sous la lune.

Enfin !

D'enthousiasme, il se lève hors de l'eau, qui ruisselle sur son corps nu, et va embrasser presque amoureusement une touffe de romarin qui pousse avec courage dans cette garrigue désolée. Il ne peut même s'empêcher d'en mordre une branchette qui lui laisse dans la bouche un goût fort et amer.

Et maintenant ?

Il a conscience d'être à poil, la nuit – il doit bien être quatre heures du matin –, en plein milieu de l'hiver, chahuté par un mistral glacé à décorner tous les taureaux de la plate Camargue. De plus, il ne peut pas rentrer chez lui, pour tout le monde il est mort. Enfin… Son monde, le milieu. Parce que tous les autres, eh bien, ils doivent encore le rechercher pour lui faire payer son erreur de jugement.

« Bon eh bé, il n'y a pas trente-six solutions. Si je ne veux pas mourir de froid en attendant de trouver une réponse, il faut que je me bouge. Je suis tout estransiné ! »

Une réalité cruelle se rappelle à lui. Sauvé de la négade certes, mais pas complètement sorti d'affaire, la liste de ses problèmes ressurgit. Il court sur place avec difficulté car ses pieds écorchés ne trouvent pas d'assises bien stables sur les galets. Dans la calanque, il reste abrité du vent violent qui passe sur la crête, mais il sait bien que, lorsqu'il sortira de ce refuge, le froid va être terrible. Tant pis ! Il prend sa respiration et fonce.

Il escalade les rochers et, arrivé au sommet, le vent glacial manque de le renverser en arrière, tant il souffle fort. Il se rattrape à une branche d'arbuste qui, heureusement, résiste à sa pression. La vague froide fige son corps un court instant. Il n'arrive plus à respirer.

Son esprit est troublé.

« Courage, Gustave, tu en as vu d'autres ! »

D'un bond, il est debout et, malgré les rochers gelés, il se met à courir. Il ne sent pas ses pieds et sait qu'il ne devrait pas s'en préoccuper. Courir sans penser que le chemin est plein de cailloux pointus. Il court, jouant même avec le vent. Il bondit, galope, utilisant la force de son adversaire, une rafale à droite, une rafale à gauche ; il essaie d'être le plus rapide. Puis c'est l'asphalte et, malgré les bourrasques, sa course se fait plus régulière.

Bientôt, une suite de petites maisons, éclairées par des lampadaires aux lumières jaunes gansaillées par le vent, apparaît. Il se dit que si un habitant se baladait, il aurait une drôle de surprise de trouver sur son chemin ce fantôme blanc et nu. Mais il y a très peu de risque de rencontrer un promeneur dans ce froid et cette noirceur d'enfer.

Il a l'impression de cavaler dans une ville déserte, une fin du monde. Maintenant, une grande chaleur dans le thorax. Il accélère sa course.

Deux cicatrices parallèles suivent cette petite route de campagne qui serpente agréablement le long de la mer, du Vieux-Port au David, la voie du tramway.

Brusquement, des pinceaux jaunes surgissent : un véhicule cahotant sur les pavés disjoints arrive droit sur lui. Il n'a que le temps de se jeter dans l'encoche profonde de la porte imposante d'une belle maison bourgeoise et une Jeep déboule à fond de train. À l'intérieur, deux GI engoncés dans de gros manteaux marronnasse ne le voient pas. Visiblement transis, ils se dépêchent de rentrer à leur base retrouver leurs lits douillets.

C'était moins une.

Car les Américains aussi le recherchent, bien sûr, et ils ne se priveraient certainement pas de le remettre au comité de la Résistance. Là, après un procès rapide et bâclé, il aurait droit à une bonne douzaine de balles dans la peau.

Pas qu'il ne le mérite pas, non ! Quand il fait son examen de conscience, il sait très bien qu'il ne pourra pas trouver de circonstances atténuantes pour ce qu'il a laissé faire. Mais sa fierté se rebelle. Il ne s'est pas sorti d'une position extrême pour finir bêtement dans les bras de ces jobis d'estrangers. Une seule pensée tourbillonne dans sa tête. Ne pas rester là. Filer immédiatement. Courir encore et toujours.

Justement, une rue monte dans les collines. Il va s'élancer quand…

À peine le temps de se planquer de nouveau dans l'encoignure que déjà un autre camion s'annonce encore. À cause du vent, il n'a pas entendu le bruit du moteur. En fait, c'est tout un convoi militaire qui défile maintenant devant lui. Les phares de chaque véhicule éclairent comme en plein jour le renfoncement de la façade où il se tient.

– Comment font-ils pour ne pas me voir ? murmure Gustave.

À peine a-t-il prononcé cette phrase que l'un des soldats lance une injonction et montre du doigt au chauffeur la forme qu'il vient de repérer.

Un soldat, pour rire, le fait tomber d'un coup de lance.
Il regarde le militaire et lui dit : « Je te pardonne. »
Puis il se relève et continue la montée.

Sans perdre de temps, Gustave pique droit par la ruelle, le camion n'a pas encore ralenti. Il tourne à droite dans la première traviole et s'affale de tout son long sur une poubelle mise là spécialement pour la voiture à bordilles qui les ramasse le matin, avec son cheval.

– La con de Manon !

Titubant, il se relève et reprend sa course en boitant, un fort élancement à l'aine et à la jambe. Baissant les yeux un instant, il voit son tibia saigner. Il jette un coup d'œil en arrière. Rien. Les soldats ne sont même pas sortis du camion.

Il accélère l'allure. Il ne doit pas flancher d'un iota s'il veut vivre, et bientôt il cavale comme jamais il ne l'a fait. Il n'était pas le dernier au sprint, mais aujourd'hui, il court après sa vie.

Il poursuit son ascension.

Il monte, monte, escaladant la montagne. Tout le monde arrive au sommet, mais chacun prend une route différente, traverses ombragées, autoroutes, chemins caillouteux…

Il ne sent plus rien de ses muscles. Au détour de percées dans l'architecture urbaine, il entrevoit quelquefois la Bonne Mère.

Il monte vers elle, car il lui semble qu'elle est chaude. Le froid empêche toute réflexion sensée. L'or de la statue et le regard apaisant, rassurant qu'elle porte sur la ville, c'est le seul territoire qui lui paraît empli de vie. Il est certain tout à coup qu'elle est celle qui l'a sauvé de la noyade cette nuit. Alors, il veut arriver à elle. Il n'a plus toute sa tête.

Quelquefois il tourne à gauche, puis voyant une lumière suspecte ou un éclat, un bruit, peut-être un rat, il change de direction. Dans un moment de lucidité, il comprend qu'il est complètement perdu. Mais l'important c'est d'aller toujours plus haut, se dit-il, à un moment ou à un autre…

Lui qui connaît la ville comme sa poche, fier de la posséder entièrement, quartiers excentrés compris, se retrouve dans des rues qu'il n'a encore jamais vues. La fièvre aidant, il a des hallucinations de pays inconnus dans lesquels il va errer pour toujours.

L'ascension de la colline lui paraît infinie,
la croix est lourde.

Alors il panique.

Il tombe encore, et encore, glissant sur des pavés glacés et se faisant mal à la hanche en se cognant violemment contre la poignée d'une porte qui dépasse. Courageusement il repart, confiant dans la Vierge à l'Enfant qu'il distingue maintenant plus clairement. Il voit leurs deux nez, protubérances sombres, les sourcils, les bras, énormes, les cuisses du faux bébé. Et puis, dominant tout, la terrible couronne. Sa couleur jaune violente l'attire irrésistiblement.

Il approche, galopant tête levée vers celle qui l'a sauvé. Il ne s'aperçoit pas que ses pieds sont en sang. En fait, il ne ressent plus rien, il est en train de mourir de froid. Mais, robuste, il continue à travers la campagne, vers l'ultime but qu'il s'est fixé : monter à la Vierge de la Garde.

S'il était en bonne santé et que la fièvre des mourants ne le taraudait pas, il rirait bien de cette situation absurde.

Lui, monter à la Bonne Mère ! Et puis quoi encore ! Il n'était pas de ces fadas qui, pour les processions, se traînaient à genoux tout le long de l'avenue aride. Certains même, on le disait, mettaient des pois chiches dans leurs chaussures pour que le Bon Dieu voie bien qu'ils souffraient pour cette affirmation primaire de l'existence du Créateur.

Pescaïres !

Les pauvres fous !

Des plaisantins affirmaient le plus sérieusement du monde que des petits malins les faisaient cuire, les pois chiches. Faire le pèlerinage avec ces pois secs de Rougier dans les souliers, oui, mais sans souffrir !

Et pourtant, il grimpe pieds nus dans cette nuit glacée d'hiver, il grimpe, toujours plus haut.

Jésus s'écrie d'une forte voix disant :
« Elie, Elie, lama sabachthani ? »

C'est-à-dire :
« Mon Dieu, mon Dieu, pourquoi m'as-tu abandonné ? »

À un moment, il se retrouve sur un chemin couvert de minuscules silex, et le vent est si fort qu'une bourrasque plus violente que les autres le projette rudement au sol. Les minuscules éclats de roche le blessent sur tout le corps. Il saigne maintenant de partout. Il s'en fout car il est toujours étrangement insensible. Il se relève et poursuit son ascension.

Soudain, le sol s'éboule sous son poids et il roule tout le long de la pente jusqu'en bas. Il se retrouve assis, nu, ensanglanté aux pieds de la Bonne Mère, face à la ville. Il reste un instant bouche bée devant le spectacle magnifique qui s'offre à lui. Marseille !

Il ne fait plus qu'un avec la ville qu'il bade. Un vrai ravi !

La rade sous ses yeux hagards, fiévreux. Encastrée dans la mer en colère qui la couronne, les montagnes qui l'enserrent de toute part. Le vent qui nettoie l'éther les rend si proches qu'il a l'impression de pouvoir, en tendant les mains, les toucher.

Et d'ailleurs, il avance la main pour saisir son quartier, le Panier, celui qui l'a accueilli en premier quand il a fui la maison de correction, très jeune. Une partie de la ville douloureusement touchée par la guerre… Un trou noir, béant, remplace aujourd'hui la vie grouillante des années d'avant.

En 1943, les Allemands ont fait sauter les trois quarts de ce petit village marseillais. Peu de maisons ont été épargnées. L'ordre venait directement de Hitler qui l'avait transmis à Goebbels… Zarma !

Au départ, la mission officielle était de débusquer des résistants censés se cacher dans le quartier. Dans la rafle, les gendarmes n'avaient trouvé et arrêté – hormis les Juifs et les métèques qui furent tous envoyés directement à Sobibor – que deux hommes sans papiers. En fait, il s'agissait de passants qui avaient oublié leurs portefeuilles à la maison et qui, très rapidement, furent relâchés ! Tous les autres, surtout les malfrats du milieu, avaient été avertis bien à l'avance. Et pour une bonne part, ils avaient déjà rejoint la milice, fortement impliquée dans cette opération.

Ce fut le premier boulot de Gustave.

– Petit, il faut qu'on s'en occupe. Ça fait partie de notre travail, et puis ça va rapporter pas mal.

Spirito, son chef, lui avait passé les rênes pour organiser la récupération des biens. Ceux des Juifs surtout, qui avaient fui les pogroms d'Allemagne et des pays de l'Est avec tous leurs biens, pensant ainsi les sauver. Les prostituées qui tapinaient dans les rues chaudes furent évacuées en bon ordre par les proxénètes une semaine avant la rafle précédant la destruction par les explosifs. Mais le coup de génie de Spirito avait été d'infiltrer les militants de la défense passive.

– Comme ça, on sera aux premières loges.

Toute la bande s'était retrouvée avec une équipe de zozos bienveillants et stupides. Ce qui fait qu'ils furent les premiers à piller les appartements des gens expulsés. Ils avaient trouvé des pièces d'or, de l'argent, des bijoux, des peintures, des fourrures, des couverts en argent… La rapacité de ces hommes était sans limites !

Une sacrée bonne affaire !

Des maisons hautes, des petites rues étroites, des travioles aux noms charmants, habitées traditionnellement et en grande partie par tout un peuple de femmes, d'enfants, de pêcheurs corses et italiens. Lui aussi vivait là, c'était aussi la raison pour laquelle Spirito l'avait choisi. Gustave aimait ce quartier populaire. Il se souvenait encore du grand-père qui vivait en bas de chez lui. Quelquefois, il se prenait à rêver que c'était le sien. Il faisait comme si.

Tous les matins, le vieil homme sortait très tôt avec une bassine pleine de tisons et sa machine pour griller le café vert. Un sac par an qu'il recevait de la banque des Comores pour tout paiement après quarante années de bons et loyaux services. Le pépé gardait une rancœur aigre.

– Les raspis !

C'était une sorte de complément de retraite. Il introduisait le café dans la pièce mécanique et la tournait au-dessus des braises jusqu'à ce que le café soit cuit. Gustave se souvenait encore aujourd'hui de cette odeur si particulière du café en train de griller qui montait jusqu'à son lit. Ensuite, c'était un rituel. Le vieil homme préparait une pleine cafetière et montait lui en porter une tasse. Tous les jours.

Il n'avait pas pu piller sa maison, c'était au-dessus de ses forces. Il n'avait même pas supporté de voir les autres le faire sous ses yeux. Un jour, un peu plus tard, en 1944, quand tout avait été dit, il avait croisé le vieux sur la Canebière.

L'ancien col blanc pleurait comme un enfant, un vieux cadre cassé sur son cœur malade.

– Ils m'ont tout pris, tout !

Et Gustave, de sa main tremblante de fièvre, referme ses doigts sur les souvenirs qui s'éparpillent dans le vent.

Sa conscience.

Et aussitôt l'un d'entre eux court et prend une éponge,
et l'ayant remplie de vinaigre, la met au bout d'un roseau
et lui donne à boire.

Il grommelle :

– Je suis en train de virer jobastre !

Puis il part d'un rire dément. Son corps est épuisé, il a du mal à se remettre debout, à continuer sa course insensée. Pourtant il y parvient encore une fois en soupirant. Son esprit se dilue, il n'est plus que volonté tendue vers l'or là-haut. Mais il trébuche et ne peut pas poursuivre sa montée tout droit. La dénivellation est trop importante. Il lui faut passer le long d'un minuscule chemin qui tortille dans les genêts courbés, fouettés par le mistral. Il rejoint la route qui monte directement à la Vierge.

Tout à coup, un spectacle insolite. Un char arrêté sur la route. Un char des forces alliées à moitié détruit.

Un coup de vent violent fait encore chanceler Gustave et le rabat de nouveau sur la caillasse agressive.

Il s'évanouit, mais se réveille presque tout de suite.

« Ne lui donne pas à boire, lui disent les autres,
voyons si Elie vient le sauver. »

Il a de plus en plus de mal à garder les yeux ouverts, il n'a jamais été aussi fatigué de toute sa vie.

– Je dois…

Il titube.

– … arriver… en haut.

Dans la dernière montée, son courage est encore intact mais c'est son corps qui défaille, et il s'écroule lourdement sur le sol. Lentement, douloureusement, centimètre par centimètre, il rassemble les dernières forces de son corps crucifié par les éléments. Et encore une fois, il parvient à se relever.

– La Vierge !

Il y est enfin !

Il voit le porche, précédé du large balcon qui se développe au-dessus de l'entrée de la crypte surmontée du clocher dont il constitue la base. Il est orné de part et d'autre de deux statues imposantes, derrière l'énorme porte en bronze, hélas close. Halluciné, son regard s'arrête un instant sur les décorations représentant des frises, des pilastres végétaux encadrant six panneaux dont les deux principaux portent le monogramme fier de la Vierge : dans un rond de perles, le rosaire et l'étoile à huit pointes et huit fleurons.

Son regard remonte un peu plus haut et il aperçoit le tympan décoré d'une mosaïque figurant l'Assomption de la Vierge. Et encore au-dessus, bien après le clocher composé de deux étages et le campanile haut d'une bonne dizaine de mètres, se tient, solidement installée, la fantastique déesse d'or. Elle le regarde d'un air bienveillant, la tête tournée vers lui et son bras doré pointant son énorme index pour lui faire signe de monter. Une voix profonde comme le vent lui intime :

– Viens Gustave ! Viens vite me voir, mon chéri.

Le vent le porte maintenant. On saurait lui pardonner ses errances. Le sourire, sur ses traits, revient.

– Viens mon petit Gus, viens…

Il prend son élan et s'effondre, évanoui. Un sol froid, lisse, dur l'accueille.

Et il se meurt doucement en râlant.

2

– Tirez-lui la queue !

– Et les tifs !

– Et la barbe !

– Et les cheveux ! Oui, oui, oui !

Une sarabande de diablotins traînait son corps en tous sens. En fixant avec plus d'attention son regard sur eux, il s'aperçut avec surprise qu'ils portaient des masques mal faits, grimaçants, caricaturaux de gens qu'il avait connus jadis.

Mais en carton-pâte.

Des personnes aimées, détestées ou simplement croisées dans un bar, un immeuble, dans la rue, mélangées de façon grotesque entre elles. Il essayait bien de protester, mais les minots ne l'écoutaient pas. Leurs corps aussi étaient difformes, étranges.

– Et le pouce !

– Et l'oreille !

– Et le cou !

– Et les ongles ! Oui, oui, oui !

Sous leurs masques, les nains portaient une cagoule noire. Mais petit à petit, pour Gustave, ce n'était plus des masques, mais bien leurs véritables visages qu'ils exposaient ainsi.

Tout en lui tirant la peau, ils se montaient dessus, se déhanchant l'un sur l'autre. La simulation de l'acte d'amour, évidente et brutale. Pornographique.

Ils continuaient néanmoins de chanter en cadence.

– Et le ventre !

– Et le menton !

– Et les pieds !

– Et les mains ! Oui, oui, oui !

Vaguement écœuré par les mimiques des masques, il tenta de se soustraire aux étreintes gansailleuses. La lumière était rare et, ajoutant à l'excitation des diablotins contrefaits, un fracas terrible venait par vagues s'écraser contre une muraille solide mais invisible. Une tempête tout autour faisait rage.

De temps en temps, les diablotins arrêtaient de le tirailler et se mettaient à chanter une mélopée bizarre. À cette occasion, ils se signaient de nombreuses fois avec une terreur non feinte.

Puis ils reprenaient leur cruelle facétie :

– Et le nombril !

– Et le sacrum !

– Et l'épaule !

– Et le médius ! Oui, oui, oui !

Ses mains repoussaient les assaillants, mais ils étaient trop nombreux et lui, très faible. On l'avait habillé de plusieurs couches de vêtements en drap grossier qui le râpait douloureusement.

En regardant mieux, il s'aperçut qu'il était entortillé dans une toile très serrée. Peut-être celle d'une araignée ? Et c'étaient ses rejetons qui lui tiraient la couenne. Pour le dévorer ? Non, sûrement pas. Tout cela avait plutôt l'air d'une bouffonnerie, d'une farce sinistre. Il ne pouvait pas sortir de son filet, quels que soient les efforts fournis. Il avait beau se secouer de tous les côtés avec ses minces forces, il ne pouvait pas bouger. Il devait donc supporter les tracas de ses geôliers sans pouvoir se défendre.

– Et le zboube !

– Et le coude !

– Et l'œil !

– Et l'oreille !

– Et la paupière !

– Et le genou droit ! Oui, oui, oui !

Ça durait depuis des heures, des jours… Il perdit complètement pied et, finalement, laissa ses geôliers faire comme bon leur semblait.

Croua ! Croua ! Croua !

Ses pensées étaient extrêmement confuses. Il reconnaissait de façon obscure son état. La mort lui semblait absolument évidente. Alors comme ça, il avait tout de même fini par mourir ? Et il y avait une vie après, car il avait conscience des choses. Mais alors ? Les gabians s'étaient-ils mis à voler jusqu'au paradis ? À moins que les fameux corbeaux de mer qui représentaient Marseille soient en fait des anges ? Malgré la mouvance des choses, le flou, le cri des oiseaux lui rappelèrent d'anciens souvenirs, enfouis sous des couches de vies successives.

Il se sentait mal, il bredouilla :

– Froid… Il fait froid…

Il n'était pas sûr de savoir qui il était et, d'ailleurs, il n'y tenait pas du tout. Une main amie lui enveloppa le corps dans un lainage lourd et chaud. Ami, ami, ami, ami… Le mot lui plaisait. Le geste pour l'emmitoufler fit basculer son corps latéralement de droite, de gauche.

Il eut l'impression de perdre l'équilibre et de tomber. Il protesta fermement, chassant du même coup les nains épouvantables de son cauchemar.

– Non, non ! Pas les nains !

Une voix d'homme s'éleva, apaisante.

– Calme-toi Gustave. Ho ! Gus ! C'est fini, je te dis, tu t'en es tiré. Tu as une sacrée résistance, mon vieux.

Depuis quand ne lui avait-on pas parlé avec cette bienveillance ? Et même cette amitié ? Ami, ami, ami, ami… Il ouvrit les yeux et ne vit tout d'abord qu'une silhouette masculine en contre-jour, qui s'approchait. Elle était étrangement vêtue. Quand l'homme fut suffisamment près de lui, il constata ébahi que c'était un curaillon. Mince, habillé d'une soutane noire avec le col blanc, il n'y avait pas à se tromper. Un homme de Dieu.

– Con à la voile ! Un curé !

L'autre partit d'un rire profond.

Ce rire. Il connaissait ce rire. Il l'avait déjà entendu et, même, il lui était familier.

– Gus, ça va ? Tu m'as fait une belle peur, tu sais !

Il y avait quelque chose qui clochait parce que… l'homme n'était pas un inconnu, même s'il ne l'avait pas revu depuis de longues années. Mais il ne connaissait aucun curé. Et tout à coup, comme l'eau sur la plage qui se retire en révélant le sable :

– Justin ? Justin Fabre !

Les souvenirs remontèrent d'un coup à sa conscience. C'était si brutal, si lumineux qu'il fut obligé de fermer les yeux. Il gémit, les mots se formant dans sa gorge.

– Justin, la vache ! C'est pas possible, c'est pas toi ?

Il retrouvait des signes perdus. Son ami, ému, s'approcha encore.

– Gustave… Ça fait si longtemps.

Ils se regardèrent en silence. Ils avaient tant de souvenirs en commun que Gustave croyait avoir oubliés, perdus dans le tréfonds de sa mémoire et de sa conscience. Le curé rit.

- Tu te souviens, Aniane ? Et Le Luc ?

S'il s'en souvenait ? Et comment ! Il soupira.

– Comment pourrais-je ne pas m'en souvenir ? Justin…

Il y avait un accent nouveau dans sa voix. Une intonation qu'il ne pensait jamais trouver dans la texture de ses cordes vocales. Quelque chose de la douleur et du plaisir, mélange subtil de dépendance.

Et puis il réalisa la tonsure, l'habit.

– Merde, mais t'es un vrai curé ?

Justin sourit.

– Ben… oui.

Un sourire franc, sain. Il y avait un fond un peu comme ça déjà chez l'enfant. Gentil, à l'écoute. Alors que lui…

– Le diable… et le Bon Dieu. Tu te souviens ? C'est comme ça que le cuisinier nous appelait. Il ne comprenait pas ce que nous faisions ensemble. Complémentaires dans les jeux.

C'est vrai qu'ils étaient différents. Gus toujours en train de faire des bêtises et Justin essayant toujours de les réparer. L'un blond comme les blés, léger, se marrant sans cesse, l'autre noir comme un pruneau, sombre de cheveux et de pensées.

– Rétrospectivement, je comprends qu'il se soit posé la question. Je me doutais que tu tournerais bien. Commerçant, voire fonctionnaire, mais curé ! Qu'est-ce qui s'est passé ? Une histoire d'amour ? Non ? Pétard, Justin !

Il rit.

– Eh non. C'est plus simple. La vocation. Mais comment pourrais-tu comprendre ? Tout ça est assez compliqué et je ne suis pas sûr que tu sois en état pour soutenir ce genre de conversation.

Non, mais ce n'était pas l'épuisement qui l'empêchait de piger. Il ne pouvait pas imaginer que des hommes soient assez bêtes pour s'enfermer dans une vie aussi minable. Il se secoua mais resta prisonnier de son sac de toile.

– La con de Manon ! C'est toi qui m'as ligoté comme ça ? Sors-moi tout de suite de là !

Il avait horreur de ne plus se sentir libre de ses mouvements. Et ça remontait à loin.

Justin sourit et tapota la couverture :

– Calme-toi Gus, je ne t'ai pas ligoté. Tu es tout simplement dans mon meilleur hamac. Celui qui m'a suivi dans mes pérégrinations en Afrique et ailleurs.

Oui, il se souvenait que son ami s'était engagé comme matelot... Il y avait tellement de temps. Il ne savait plus.

– Quand j'ai un petit coup de pompe, après le repas, je fais un bon sieston. Tu n'es pas prisonnier. T'as juste eu une de ces fièvres, comac ! Et d'ailleurs, c'est pas fini. Tu as bien failli y rester, cette fois !

Puis, soudainement, le curé se mit en colère, morigénant le malade comme si c'était un caganis sortant de l'œuf. Gustave le comprit très bien. Son ami avait eu très peur.

– Mais aussi, qu'est-ce qui t'as pris de sortir ainsi en pleine nuit ? Pendant un des coups de mistral les plus froids de la saison, alors que tous se réfugient bien sagement chez soi. Et cul nu en plus ! Heureusement que j'ai travaillé très tard, fan de Chine ! Et qu'avant d'aller me coucher, j'ai, comme tous les soirs, souhaité une bonne nuit à la ville et à ses habitants par les yeux de celle qui veille sur tout le monde.

Il montrait à Gustave deux grandes ouvertures ovales, en amande, qui occupaient une place non négligeable dans la minuscule pièce ronde. Une lumière fabuleuse entrait par les ouvertures, et le bout de ciel qu'on pouvait voir était immaculé. De temps en temps passait devant ces fenêtres étranges l'ombre noire d'un gabian.

– Où sommes-nous ?

– Au centre du monde !

Justin n'en dit pas plus et Gustave eut la flemme de l'interroger plus avant sur cette révélation bien mystérieuse. Au milieu de la pièce, un escalier en colimaçon tortillait jusqu'au plafond, occulté par une espèce d'écoutille de sous-marin.

Le prêtre approcha une assiette à soupe fumante.

– Ouvre la bouche mon gars, il faut que tu manges quelque chose de chaud.

Une odeur d'ail et de sauge titilla les narines de Gustave.

– Qu'est-ce que c'est ?

Sourire entendu.

– De l'aïgo boulido.

Une soupe d'ici, très stomachique, avec de l'ail, de l'huile d'olive, de la sauge et du jaune d'œuf. Tout cela sur quelques tranches de pain.

– Ça te fera pas de mal, vaï !

Il commença à manger avec appréhension et même une certaine répulsion. Mais, très rapidement, il s'aperçut qu'il avait faim. Et c'est avec un bel appétit qu'il avala la soupe en écoutant son vieil ami continuer son récit.

– Oui, j'ai bien cru que j'avais une hallucination. Au début, j'ai vu une tache blanche sur les escaliers. Une tache qui avançait avec difficulté, qui progressait doucettement, par à-coups.

Le hamac dans lequel Gustave reposait était attaché à de grosses poutrelles en ferraille grise.

Brusquement, le vent s'était arrêté, calmé par sa propre fureur. Il faisait beau.

– Puis tu es tombé. Comme une masse. Alors, j'ai réalisé que ce que je voyais était un homme nu qui se promenait dans la campagne. Le temps que je descende en cavalant, tu t'étais proprement évanoui.

Gustave se souvint tout à coup.

– La Vierge m'appelait…

Justin crut un moment que, dans son délire, son ami était tombé subitement croyant.

– Hein ? Qu'est-ce que tu dis ?

– Non, rien, rien.

Les murs étaient d'une couleur indéfinissable et, en outre, ils n'étaient pas droits. Ils suivaient un cours qu'un architecte ivre aurait dessiné dans un délire alcoolique. Sur l'autre bord, scellée aux cloisons, une table éclairée par une forte lampe, des cercles de toutes tailles emprisonnant de longs pinceaux, des tablettes supportant des livres anciens dépareillés. D'en bas montait un chant religieux. Gustave écouta ce son étrange venu du ventre de la bâtisse, ses yeux se fermèrent, il s'endormit.

Nuit noire dans la pièce.

Puis une lumière jaunâtre se balançant régulièrement devant lui. Une ombre immense s'étirait sur le plafond puis remuait par moments, de façon hystérique. En dansant, la flamme de la lampe à huile déformait la silhouette grise penchée sur un travail mystérieux. Gustave pensa furtivement à un vieux film de Murnau qu'il avait vu, avant-guerre, dans le cinéma Le Raimu, en bas de la Canebière. Le titre lui échappait, mais il était question d'un effroyable vampire nommé Nosferatu qui débarquait avec ses rats dans une ville noyée dans le brouillard. Les scènes de terreur l'avaient longtemps marqué, et encore maintenant, quoique soit passé depuis longtemps l'âge béni de l'enfance. Un frisson lui parcourut tout le corps et il ne put empêcher ses yeux d'essayer de mieux faire le point.

Les hommes sont ainsi faits qu'ils préfèrent savoir, même si la vérité n'est pas en accord avec leur intérêt. Mais ce n'était pas le cas. Là, il n'avait pas réellement le choix.

En se penchant, il aperçut son ami Justin qui, extrêmement concentré, travaillait.

Celui-ci étudiait attentivement un petit tableau d'environ quarante centimètres sur cinquante, posé sur un chevalet. De temps en temps, l'homme de Dieu lui portait de très légers coups de lame. Le silence était profond, incroyablement dense, et il sembla alors à Gustave que l'espace était solide. Il n'y avait aucun bruit dans la pièce et rien ne troublait la main de l'artisan. Le silence… à part le bruit du prêtre qui gratouillait la surface de la toile à l'aide de son minuscule scalpel en métal blanc.

Des petits grich, grich, grich énervants.

Dans les deux ouvertures ovales alignées l'une à côté de l'autre, des milliers de points luminescents ponctuaient la nuit tranquille. Les étoiles paraissaient si proches qu'il était tenté d'envoyer la main pour les attraper. Comme l'autre nuit, dans son délire, le quartier du Panier.

Il se rappela brusquement de tout, ses souvenirs arrivant en flots à sa conscience, et grimaça un sourire. Vivant.

Il eut envie de parler, de bouger, de se prouver qu'il vivait toujours.

Il se racla la gorge pour attirer l'attention de son ami. Justin leva la tête.

– Tu es réveillé ?

Son ton de voix était sûr et râpeux.

On sentait l'assurance en soi, avec, toutefois, une pointe d'amusement. Mais il y avait aussi de l'amitié dans cette voix. Gus se tourna, étonné, pour voir si quelqu'un d'autre dormait ici aussi. Il n'avait pas l'impression qu'on s'adressait à lui tant le ton était attentionné, affectueux, doux. Il y avait tellement de temps qu'on ne lui avait pas parlé avec cette gentillesse.

Mais non, il était bien seul avec le curé dans cette petite salle en métal biscornue.

D'un coup de pied, Justin fit pivoter son confortable siège en bois vers le malade. Il sourit.

– Bonjour Gus !

Puis il se mit à essuyer, de façon obsessionnelle, les verres de ses lunettes pendant qu'il lui parlait. On sentait que ce geste répété des dizaines de fois dans la journée constituait une pause dans son travail. Une façon de se décontracter, plus qu'un nettoyage réellement efficace.

– Alors ? Qu'est-ce que tu me dis, mon vieux ? Je t'ai entendu sortir du sommeil. Tu as boulégué comme un singe dans le hamac. Tu as même crié des trucs incompréhensibles…

Il rit devant le geste de défense inconscient que Gustave esquissa en apprenant qu'il avait parlé en dormant.

– Ne t'inquiète pas, je suis une tombe… Même mieux, un curé. Et, de toute façon, je te le dis, je n'ai rien compris à ces galimatias. Sinon ? Ça va mieux ?

Il y avait une traînée de peinture rouge vermillon en travers de son visage. Le cacou fasciné par cette balafre sombre imaginait l'homme en noir le pinceau entre les dents, les mains prises. Il voyait toujours de la violence, encore traumatisé par son expérience récente.

– Oui, je vais beaucoup mieux. Mais je me sens tout cassé. J'ai l'impression d'être passé sous les sabots d'un charolais du Cantal. Je souffre de partout.

Sa voix aussi était rouillée, elle déraillait. Il lui manquait quelques intonations. Il se gratta la gorge pour améliorer sa diction et retrouver ses cordes vocales, puis s'étira et grimaça de douleur en sentant son corps qui s'éveillait. Jamais il n'avait perçu avec autant d'exactitude ce que cette expression avait de vrai.

Son corps sortait du coma.

– Ouille ! J'ai mal aux arpions.

Les pieds lui brûlaient sur toute leur surface. Mais en dessous, sous la plante, c'était carrément insupportable.

Justin se gratouilla la tête avec le manche de son pinceau.

– Écoute, j'ai nettoyé comme j'ai pu tout à l'heure. J'ai profité de ce que tu dormais. Mais tes pieds sont dans un sale état. J'ai l'impression qu'ils ont été brûlés à la chaux. Le cal a complètement disparu ! Tu as couru sans souliers, hein ?

Gustave opina, mais ne donna aucun détail.

– Quelle drôle d'idée ! Et pourquoi t'as fait ça ?

Il y avait un gros trou dans la mémoire du malfrat, il sentait inconsciemment que toute cette histoire n'était pas terrible, tout ce qui était écrit sur cette page de sa vie. Ce n'était vraiment pas un hasard s'il ne se rappelait de rien.

Brusquement, un coup de poing dans sa tête. Oui, c'était fatal ! En bloc, tout lui revint.

Les cacous de Mémé Guérini, le chef de la bande adverse, sa descente dans la mer noire, la délivrance, sa copine la lune, le ciment, le Frioul, l'île Degaby, la mer, la résurrection, la Bonne Mère et la course dans la nuit le cul à l'air vers cette lumière qui l'appelait.

– Je suis vivant ?

Le ton était tellement enfantin que Justin éclata de rire.

– Ouais ! Évidemment que t'es vivant ! Et encore frais comme une bavarelle juste tirée hors de Mare nostrum. Pourtant t'as rien fait pour, parce que te balader comme ça en plein mistral, c'est un véritable miracle ! Et je m'y connais !

Il lui tapota le genou.

– Tu as gigoté toute la journée. Mais maintenant que t'es réveillé, moi, je vais me coucher parce que ça fait deux jours que je veille sur ta carcasse, et j'en ai un peu plein les bottes. Rendors-toi mon beau, tu as besoin de te refaire des forces. Allez, adieu Gustave. À demain matin !

Un temps, puis Gustave demanda :

– Tu ne veux pas savoir ce que je faisais ainsi dans la nuit ?

Le curé haussa les épaules.

– Ça peut attendre, nous avons le temps de parler. Et puis je ne suis pas sûr que ça me plaise bien. Pour te dire la vérité, je me demande si je ne préfère pas ne rien savoir. Parce que, au fond, ce qui m'intéresse, c'est que tu sois là, dans mon hamac, en train de te reposer. Le reste…

Il commença à descendre l'escalier en fer.

– Attends un peu Justin ! Tu n'as pas de l'eau, je meurs de soif ?

Justin remonta les quelques marches et alla lui servir un grand verre d'eau dans lequel il écrasa un demi-citron.

– Tiens.

Gustave sentait sa gorge sèche et râpeuse. Le fruit le désaltéra agréablement.

– C'est bon. Bonne nuit, Justin.

– Bonne nuit, Gus.

La nuit profonde vint alors, recouvrant les blessures des hommes, et Gustave s'endormit de nouveau en pensant qu'il y avait bien longtemps qu'il n'avait pas ressenti une pareille quiétude.

Il se réveilla avec le jour. Encore une fois, les corbeaux de mer, avec leur gaieté noire, grinçante et leur sarabande du matin, l'avaient tiré des bras de Morphée. Bien réveillé, il souffrait en silence. Il avait toujours extrêmement mal aux pieds. De toute façon, il était seul et n'avait pas la force de s'extraire du hamac qui l'emprisonnait.

Il gémit, ferma les yeux et tenta de penser à l'avenir. Il ne trouva rien. Comment pourrait-il s'en sortir ? Tout était bloqué. Il n'avait pas d'argent, et il ne ferait pas bon être gopé dans Marseille. Il était toujours nu comme un ver, sans compter que, dans son état, il ne pouvait pas aller bien loin.

Il sentit avec évidence qu'il ne pourrait pas se montrer dehors avant bien longtemps.

Quand il entendit des pas dans l'escalier de métal, il appela :

– Justin ?

– Oui, j'arrive !

La tête de son ami apparut au-dessus de la ligne du hamac. Il lui sourit avec plaisir.

– Bien dormi mon ami ?

– J'ai envie de pisser.

Le curé s'assit pour réfléchir un moment.

– Voilà ce qu'on va faire. Je vais te descendre jusqu'à l'étage inférieur, il y a des toilettes, et puis ensuite, nous irons ensemble jusqu'à la cure, en contrebas.

– Mais…

– Tu ne pourras pas marcher, je sais. Je te porterai sur mon dos.

Les mots arrivaient lentement à son cerveau. Jusqu'à l'étage inférieur de quoi ?

– Mais Justin, dis-moi : on est où ?

Il regardait autour de lui les structures en métal, les poutrelles, l'étrange pièce ronde et les deux grands ovales qui donnaient sur le ciel des oiseaux. Son ami eut un sourire entendu.

– Tu ne devines pas ?

Gustave secoua son crâne, qu'il sentait vide.

– Eh bien, tu te trouves très exactement dans la tête de la Bonne Mère.

La Bonne Mère ? Ce n'était pas possible ! Justin riait devant son ébahissement. La révélation avait cloué le bec de son ami. Il poursuivit :

- Oui, tout en haut. Tiens, là, ces creux, eh bien c'est le nez, et les deux trous, là, les yeux. Et on peut même grimper dans la couronne, encore au-dessus. Tu n'imagines pas la vue qu'on a de là-haut ! Je te montrerai dès que tu iras mieux.

Il s'approcha de lui et lui tendit son cou.

– Vas-y, agrippe-toi fort, n'hésite pas. J'ai l'habitude… Du temps que j'étais à Javouhey, en Guyane. Les lépreux.

La Bonne Mère, la statue qui avait semblé l'appeler l'autre nuit quand il courait, sous la fièvre et le froid, celle que tous les Marseillais vénéraient. Toute vêtue d'or, elle trônait là depuis… toujours.

Justin continuait sur son passé pendant que le cerveau de Gustave courait dans une confusion totale.

– Certains n'avaient plus d'orteils et ne pouvaient pas se déplacer, alors je les portais. C'est terrible, tu sais, la lèpre. Les pauvres gens qui en sont atteints perdent souvent la tête. Voilà.

Il déposa le blessé sur sa chaise, devant la table de travail.

– Fais un peu voir que je t'habille. Tu ne peux pas rester dans cet état. Que Dieu nous ait créés ainsi, je te l'accorde. Mais ça n'est pas une tenue pour traverser les lieux consacrés !

Gustave n'avait plus froid, il était bien réchauffé depuis la soupe à l'ail et les soins de son ami. Mais il était toujours nu.

Il eut l'œil attiré par un tableau très coloré posé sur la table de travail. Une carriole bleue – cette couleur avait la réputation de repousser les insectes –, attelée à un cheval au pelage foncé, montait sur un pont à la pente assez raide. On ne voyait que la moitié de la construction. Le ciel était secoué par un orage terrible et la foudre tombait sur une espèce de perche en haut du tableau. Le cheval, rendu fou par l'éclair, avait posé ses pattes avant sur la rambarde du pont comme pour sauter par-dessus. Sur le côté droit, en bas, un homme était allongé par terre, le regard vers l'extérieur de la toile, son parapluie, retourné par les intempéries, posé tout près de lui. La femme qui manœuvrait la carriole portait un chapeau et s'abritait de la pluie sous un autre parapluie. La charrette, sur l'arrière, était ouverte et il s'en échappaient des légumes. En haut à gauche, la Vierge et l'Enfant apparaissaient dans une bulle de nuages. La Vierge tendait le bras et semblait calmer la tempête. En bas, dans un cartouche, était écrit : « Ex-voto. Le 7 septembre 1862 à quatre heures du matin. Honoré, Augustin, Henri, Marie, Victorine, Virginie épouse… » Après, Gustave n'arrivait plus à lire.

Justin remarqua la fascination de son ami et sourit.

– La façon de harnacher le cheval et les vêtements des deux personnages montrent que ce sont des paysans, assez jeunes. Apparemment, la foudre s'est abattue sur eux au moment où ils rentraient à Marseille. Le cheval s'est emballé et a projeté à terre Honoré. Heureusement, la Vierge veillait !

Gustave le regarda pour voir s'il galéjait, mais apparemment il était sérieux. Normal, c'était un curé maintenant. Il allait avoir du mal à accepter l'idée qu'il ne pourrait plus faire certaines plaisanteries avec lui.

– Marie a empoigné les rênes et a maîtrisé la bête. Grâce soit rendue à la Vierge de la Garde ! conclut Justin.

Malgré cette foi naïve qui le gênait, Gustave ne put s'empêcher de voir dans le dessin coloré une grande force.

– Tiens, lève les bras que je puisse t'enfiler cette soutane que j'ai apportée pour toi.

Le tissu était rêche et irrita instantanément sa poitrine. Mais, évidemment, il ne fit aucun commentaire.

– Fais-toi voir ! Je suis bien curieux… À quoi tu ressembles là-dedans ?

Son ami se marra un bon coup et Gustave baissa la tête.

– Quel drôle d'homme de Dieu nous avons là ! Allez, grimpe sur mon dos et n'aie pas peur de serrer mon cou. Allons-y.

– Ouille !

Son corps avait cogné un montant de l'escalier.

– Excuse !

Sur le dos de son ami, malgré la minceur de l'homme d'église, Gustave pouvait sentir les muscles secs. Impressionnant ! Justin était un nerveux, il aurait pu faire un drôle de méchant si... Mais non, il avait fait un autre choix.

– Le soleil n'est pas levé. C'est bien, comme ça personne ne te verra. Tu comprends, je n'ai pas le droit de te garder ici. C'est pas qu'on me dirait quelque chose, mais il y a trois chanoines à la cure et... il y en a un qui n'est pas facile. Le chanoine Roustido. Toujours en train de cafter et de s'occuper des trucs qui ne le regardent pas.

Chez les religieux, il y avait donc aussi des mauvais.

La descente était terminée. Le curé traficota la serrure et, toujours avec son fardeau humain, sortit par une petite porte en chêne. Ils se retrouvèrent sur la grande esplanade qui dominait Marseille.

Ils s'arrêtèrent un moment, toujours surpris par la beauté de la ville endormie. Saisie juste avant le réveil, elle semblait étirer ses bras vers Callelongue, à l'est, et Fos, à l'ouest.

L'air était translucide, ça allait être une sacrée belle journée.

– Allez, on va te laver.

Ils se remirent en route jusqu'à la cure, en contrebas de Notre-Dame. Discrètement, Justin entra dans la cour intérieure, puis dans la grande chambre qui lui avait été attribuée. Là, il déposa Gustave sur sa couche. Un grand lit confortable.

– Ouf ! Tu n'as pas maigri, fatche !

On retrouvait dans l'habitation du prêtre le même foisonnement de pinceaux, de peintures multicolores, de livres d'art. La pièce était vaste, aérée par une immense fenêtre qui donnait sur la mer.

Gus ferma les yeux de plaisir.

– C'est magnifique chez toi ! Tu es bien ici.

– Je ne suis que locataire. Tout cela appartient à l'Église. Mais il est vrai que j'ai beaucoup de chance, répondit Justin, modeste.

La vue était splendide. On distinguait les îles du Frioul, le château d'If, et puis, plus à droite, le Vieux-Port, l'Estaque, les arches des ponts de la micheline qui longeait la mer jusqu'à La Couronne. Gustave croyait même voir le cap Couronne, là-bas, au fond.

– Qu'est-ce que tu fais ? Tu es un curé peintre ?

Le curé rit sèchement.

– Oui. Je suis restaurateur de tableaux. Ça m'est venu sur le tard.

– Tu répares les peintures, c'est ça ?

– Pas que les peintures. Je m'occupe aussi des objets religieux qui ont été abîmés par le temps, ennemi de l'or, du vermeil et des plaquages divers, et aussi des sculptures. Tu n'as peut-être pas vu les dégâts de la guerre, mais la Vierge est dans un sale état. Aide-moi un peu, veux-tu ?

Justin libérait les pieds du blessé et les observait attentivement, d'un air professionnel.

– Bon. Je ne pense pas que nous aurons recours aux offices d'un médecin. C'est pas beau, mais ça va cicatriser. Je suis assez content de moi. Je vais te laver les pieds. Mais peut-être veux-tu aller tout d'abord au cabinet de toilette ?

Il le porta jusqu'à la salle de bains. Propre et sobre, elle correspondait bien à ce qu'il pensait être les lieux intimes d'un homme d'Église. Austère. Celui-ci reprit la conversation où il l'avait laissée.

– Tu vois, le chanoine Roustido n'est pas mauvais en soi. Mais il faut que tu comprennes que les prêtres restent des humains. Ils sont animés par les mêmes désirs que les autres.

Gustave balança, féroce :

– C'est un enfoiré, quoi ! Arrête de tourner autour du pot, dis les choses comme elles sont ! C'est un moins que rien. T'as qu'à lui mettre une bonne raclée et on n'en parlera plus ! Si tu veux, dès que je suis en état, je m'en charge… Tu vas voir ce que tu vas voir !

Justin sourit, la tête penchée.

– Toujours cet instinct de violence gratuite. Ce n'est pas comme ça, ici. Les relations ne se règlent pas comme dans ton milieu. C'est plus aimable, courtois, mais ferme. Ne t'inquiète pas pour moi, je sais me défendre tout seul.

Le chanoine en question était tout simplement jaloux des prérogatives du restaurateur. De par sa fonction au sein de la cure, Justin avait en charge tous les ex-voto de la chapelle. Veillant sur un des trésors de la ville, il fréquentait donc les hauts dignitaires. Confiant dans ses dons d'artisan habile, on venait souvent le voir pour lui demander conseil au sujet de la toile de tel ancêtre qui partait en quenouille dans son cadre doré, ou pour expertiser telle autre peinture attribuée à un petit maître provençal sur laquelle on fondait le légitime espoir de tirer un bon prix.

Justin fit prendre une douche à Gustave. Pour cela, il installa un tabouret sous le pommeau, et le blessé put se récurer assis. Ensuite il nettoya les plaies suppurantes de ses pieds avec de l'alcool et du Mercurochrome. Ça piquait un peu, mais la douleur était très supportable et Gus ne dit rien. Il en avait vu bien d'autres !

Puis le petit curé enduit de pommade les pieds torturés et remit de la gaze propre par-dessus.

– Voilà, tu es tout neuf, comme un sou. Attends, je vais aller te chercher de quoi manger à la cuisine.

Bientôt, il revint avec une soupe bien chaude que, affamé, son ami mangea de bon cœur.

Sentant que la fatigue allait avoir raison de lui, Gustave voulut parler honnêtement.

– Tu sais, il faut que je t'explique pourquoi je courais comme ça dans la garrigue…

Justin l'arrêta d'un geste.

– Tu ne me dois pas d'explications. Tu es dans le besoin et je dois t'aider à double titre. Tout d'abord parce que tu es un ami, ensuite parce que c'est mon rôle sur Terre. Je sais quelles sont tes fautes, tu t'en doutes.

Gus essaya bien de protester mais l'autre l'en empêcha.

– Ce n'est pas parce que je suis curé que je ne sais pas ce qui se passe en ville. J'ai suivi tes exploits… et je n'en suis pas fier. Mais je vais tout de même t'aider. Maintenant dors, on reparlera de tout ça plus tard.

Et c'était vrai que les yeux du voyou se fermaient tout seuls.

– Justin…

L'homme en noir posa une main ferme sur le bras de son ami.

– Tais-toi. Tu vas dire des bêtises.

3

Ils ne parlèrent plus du passé récent de Gustave.

En tout cas pendant pas mal de temps.

Tant qu'il ne pouvait se déplacer seul, le cacou restait dans la grande chambre, au sein de la cure. On ajouta un lit, tout simplement.

Pour tous, il était un étudiant suisse, venu pour apprendre le travail de restauration sur les toiles du XVIIIe siècle et qui souffrait de blessures aux pieds provoquées par des éclats d'obus : le train dans lequel il voyageait avait été attaqué par des avions anglais. C'était ainsi que Justin le présenta aux autres moines. Pour expliquer sa venue mystérieuse, il fit état d'anciennes connaissances communes. Il avait été convenu que Gustave parlerait le moins possible pour ne pas trahir son peu de savoir liturgique.

Il fit ainsi vœu de silence.

L'époque permettait ce genre de mensonges.

Cela avait bien paru un peu étrange aux membres de la petite communauté, mais d'autres évènements encore plus incroyables continuaient jour après jour de renforcer la patience, la curiosité et la pugnacité des habitants de Marseille.

Et aussi, on avait une très bonne raison de faire entièrement confiance au curé-restaurateur d'ex-voto, et cela sans le contrôler.

Car c'était un héros !

Mais attention ! Pas un de ces bouffons de fin de guerre qui se découvraient résistants pendant la dernière heure ! Ni une de ces taraillettes qui agissaient seulement avec leurs langues agiles. Non, Justin était un de ces héros innombrables qui ne voulaient pas être dans la lumière et trouvaient leurs actions tout à fait normales.

Ça s'était passé le 25 août 1944. Les derniers irréductibles, des Allemands terribles, avaient trouvé malin de se réfugier sur les hauteurs de la Garde. Exactement dans la chapelle fortifiée en plus ! Les combattants tiraillaient contre les envahisseurs, effrayant les bonnes sœurs qui avaient refusé de se replier et commettant des dégâts irrémédiables, tant sur le fort que sur le reste de l'édifice. Quand une balle de fusil avait troué l'ex-voto que Justin venait de restaurer et de placer au-dessus du maître-autel – un don d'une famille célèbre de la ville –, la colère était montée en lui comme une vague de l'océan Atlantique un jour de printemps.

Le septième régiment des tirailleurs algériens avait envahi la colline de la Garde pour essayer de libérer la Vierge des mains des Allemands. Les chars étaient enfin arrivés avec l'armée de la Libération. L'un d'eux, le « Jeanne-d'Arc », fut stoppé aux pieds de la Bonne Mère par un obus ennemi, faisant trois morts français, brûlés vifs dans le véhicule en flammes.

Le curé avait grommelé des injures païennes, terribles dans les mots échappés, chose extrêmement rare chez cet homme respectueux de la forme et du fond. Ça avait un rapport avec les parents, les grands-parents et même les ancêtres de ce pauvre goumier, maladroit et insouciant des choses du culte. Fautif en paroles et en intentions, le religieux s'était ému et avait avoué le lendemain son écart de langage à son confesseur, qui l'avait négligemment absous de quelques Pater. Mais à l'instant du juron, et c'est là qu'il se distinguait de ses pairs, le jeune curé avait agi de façon inconsciente et décisive : il avait bondi (plus tard, il avait prétendu que lui n'y était pour rien. Celui qui est là-haut l'avait guidé dans cette décision. « Il m'a parlé… à l'intérieur. Il m'a dit : " Ils vont tout massacrer, Justin. Ces manjiapans ne savent même pas tirer droit ! " »

Justin ne s'était pas demandé comment ça se faisait que Dieu parle le marseillais, il avait noué un chiffon blanc au bout d'un manche de pioche qui traînait dans un coin et il était sorti de la chapelle.

Miracle ou lassitude, le jeune curé ne fut pas pris pour cible et abattu comme une bécasse bien grasse des collines du Garlaban.

Extraordinairement et des deux côtés, les tirs avaient cessé. Chez les Allemands, on commençait enfin à se dire que les carottes étaient cuites et qu'il était temps de voir à ne pas laisser sa peau inutilement dans cette fin de putain de guerre. Du côté des rangs alliés, on trouvait également que tout cela était un peu longuet. Prendre une balle le dernier jour, franchement, c'était carrément con.

Et puis, tous connaissaient la réputation de Notre-Dame-de-la-Garde ! Dans le cœur de chaque homme existait toujours une étincelle de merveilleux. Alors, quand le petit curé avait surgi, tout de noir vêtu, pâle comme la mort, avec ce chiffon blanc à la main, de part et d'autre on avait suspendu les hostilités.

Justin ne mâcha pas ses mots :

– Allez, zou ! Arrêtez vos couillonnades !

Le sergent qui dirigeait l'assaut et qui était de Saint-Antoine avait rengracié devant l'habit sacerdotal et le courage du jeune religieux. Mais, comme un minot, il ne voulait pas céder le premier.

– C'est pas nous, ils ont qu'à se rendre. De toute façon, c'est fini pour eux.

Justin était vraiment en colère.

– C'est pas nous, c'est eux... C'est pas possible, ça ! Vous êtes des vrais nistons. Attendez, je vais leur parler, moi, à vos terreurs.

L'officier de la Wehrmacht qui commandait la garnison avait fait le front de l'Est et, lui aussi, à sa façon, de l'autre côté, était un héros. Il portait sur la poitrine la Croix de fer, et il était revenu de l'enfer encore éberlué d'être toujours de ce monde. Depuis, il appréciait la douceur de la vie dans la cité méditerranéenne et n'avait plus vraiment envie de se battre, ni d'exposer la vie de ses hommes. Mais c'était un soldat de métier et il avait fallu que Justin y mette les formes et toute sa pugnacité pour le convaincre. Le jeune prêtre lui avait parlé de la vie de ses soldats et de la sienne. De sa femme aussi... Là, les yeux de l'officier allemand s'étaient assombris.

– Elle n'est plus. Disparue sous les bombardements de Berlin, avec mes enfants et toute ma famille.

Malgré ce malheur, Justin avait bien senti qu'il voulait encore vivre. Il n'avait pas eu son comptant de bonheur tranquille. Alors il l'avait joué psychologie et sorti toute sa verve méridionale.

Il lui avait parlé des odeurs fortes des sardines que l'on pose sur un lit de fenouil et qui grillent gentiment en attendant d'être dévorées à belles dents, de l'odeur du blé fraîchement coupé, de la pluie qui tombe sur le sol surchauffé au mois d'août, de la bière qu'on vient de tirer, des calanques blanches enserrant dans leurs flancs l'eau azur, des bains de minuit quand la mer est chaude, que le plancton phosphorescent colle au corps comme une seconde peau, des forêts tellement profondes que l'on ne voit pas le soleil, du mistral... Il avait même osé les légers flocons de neige qui fondent doucement sur le visage lorsqu'ils se posent, alors que lui-même n'avait voyagé que sous des latitudes où le froid n'était qu'une belle galéjade. Il lui avait parlé de la sieste sous les pins quand il fait chaud, qu'on a bu un peu trop de ce rosé de pays qui ne fait pas mal à la tête et que les cigales s'y mettent sérieux. Il n'avait pas voulu lui parler des jolies girelles du Sud, le sujet était délicat, mais il avait tout de même vanté la beauté surnaturelle de nos fils et filles, mélangés entre eux depuis tellement longtemps.

Il lui avait parlé de la vie qui passe si vite qu'on se retrouve des fils gris mélangés aux cheveux, des articulations raides quand la pluie va tomber et qu'on se dit sans réfléchir : « Il va tomber des tchabanes ! »

Le militaire avait finalement souri tristement et, même, Justin l'avait bien vu, ses yeux s'étaient un instant remplis de larmes. Il avait accepté de se rendre à condition que ses hommes soient épargnés.

– Bien entendu. Nous ne sommes pas des sauvages.

Quand Justin était revenu dans la chapelle, là où la cure en son entier était réunie, il avait été grondé gentiment pour son imbécile courage mais fêté en héros par tous. Même sœur Madeleine lui avait, en rosissant, adressé quelques mots maladroits.

Connaissant les limites des hommes et la jalousie qui est souvent dans le cœur le plus dévot, il avait minimisé son rôle. Et rendu à César ce qui appartenait à Jules, car si Dieu ne lui avait pas glissé quelques mots à l'oreille…

Le commandant du secteur avait même promis qu'il demanderait une décoration pour ce brave curé.

Justin, secrètement ravi, attendait cette glorieuse récompense. Il pensait qu'elle sortirait bien sur le noir profond de la soutane et se demandait si l'évêque lui permettrait d'officier avec.

Alors, lorsqu'il affirma que le blessé qu'il soignait dans sa chambre était un étudiant suisse, on le crut sur parole. Gustave, avec son faux vœu de silence, n'eut pas à faire entendre le bel accent marseillais qui serait sorti de sa gorge s'il lui avait échappé un de ces « con à la voile ! » ou « fatche de con ! » habituels.

– Si jamais quelqu'un veut te parler, tu fais le muet. Tu expliques avec les mains qu'il t'est interdit de dire un mot, lui intima le curé.

Gustave était tout de même inquiet, il se connaissait.

– Et si jamais il m'échappe un juron ? Si je me prends, je sais pas moi… un marteau sur les arpions ? Alors ? On verra bien que je ne suis pas un bon Suisse de Suisse !

L'homme en soutane avait réponse à tout.

– Il n'y a pas de marteau ici. Je ne te vois pas en brandir un. Je t'imagine plutôt avec la tige en bois d'une barbe à papa accompagné de jolies girelles plutôtqu'un marteau à la main.

Comme Gus ne dit rien, il conclut.

– D'ailleurs, tu ne peux pas bouger du lit avant un petit moment, il faut absolument que tes blessures cicatrisent et que tu reprennes des forces. N'oublie pas que tu as failli mourir.

Du reste, personne, jamais, ne pénétrait dans la chambre de Justin. Il faisait son ménage et s'occupait de son linge lui-même. Comme chacun à la cure.

Gus gémit.

– Mais qu'est-ce que je vais faire de toutes ces journées, moi ! Je vais devenir chèvre !

Justin, en souriant, haussa les épaules.

– Eh bien, tu vas penser un peu à ton passé et réfléchir à ta vie… qui n'est pas bien jolie, jolie, et même un peu trouble, je me trompe ?

Avant, Gustave l'aurait envoyé sur les roses, mais là, dans cette chambre claire, avec ce christ en croix pendu au-dessus du lit, il s'écrasa comme un minot pris la main dans la boîte de bonbons.

Devant sa tête, Justin éclata de rire :

– Je t'apporterai des livres, ça évitera que tu te languisses. J'en ai de pleins rayonnages à l'atelier.

Gus grommela d'un ton méprisant :

– Des livres sur la peinture…

Soudain Justin se fâcha :

– Une seule œuvre de ces peintres vaut tous les sermons. L'art est essentiel, indispensable, vital ! Les messages qu'il transbahute sont fondamentaux. Oui ! Ce qu'il y a de plus important au monde se trouve là, en couleurs, sur ces toiles de lin.

Quand il parlait d'art avec cette ferveur, il ajoutait toujours, en rougissant :

– Après la parole de Jésus-Christ, bien entendu.

Sous le regard sévère de Justin, Gus pensa qu'il était coincé. Il n'avoua pas la vérité qui lui pesait : il lisait très peu, connaissait les quatre opérations, mais pas plus.

– Bon d'accord, porte-moi tes satanés livres.

Le propos fut ferme mais l'œil malicieux.

– Tut, tut, tut… Pas ce mot dans ce lieu. Ici, c'est comme l'église. Pas de jurons et pas de mauvaises pensées.

Gus commençait à être exaspéré par ces trucs de bonnes ou mauvaises pensées. Il trouvait ça ridicule et cucul la praline. Mais il n'oubliait pas que Justin lui avait sauvé la vie, il se retint donc de souffler et ravala sa salive.

Dès le soir, au retour de son atelier, son ami lui porta comme promis une pleine brassée de livres colorés.

– Voilà. Attends ! Ne te jette pas dessus comme ça. Tu dois apprendre à regarder.

– J'ai des yeux, je sais voir, maugréa Gustave pas très disposé à ce qu'on lui fasse tout le temps la morale.

D'un geste évasif de la main, Justin balaya l'argument.

– Oui, je sais… T'as des yeux, mais voir c'est surtout décoder les choses. André Suarès, notre poète, essayiste et romancier marseillais, prétendait que "voir n'est point commun. On voit toujours plus ou moins comme l'on est". Et il avait raison. Nous faisons tous de l'ethnocentrisme. Pour comprendre ce qui se passe, nous l'analysons automatiquement avec ce que nous avons en main. Et pour Lévi-Strauss, c'est un problème quand on veut comprendre d'autres peuples. Voir et contempler. Comme pour aimer, il faut savoir désirer.

Silence de Gustave. Son ami ouvrit un très gros livre.

– Regarde. Michel-Ange. Ce peintre a révolutionné la peinture en son temps, comme beaucoup d'artistes qui restent après leur disparition terrestre. L'homme de Michelangelo Buonarroti a la fraîcheur des genèses, l'impudence de la jeunesse, la force de la création. Il n'existe pas de peintre qui ait montré ainsi la vérité toute nue. Certains prétendent qu'il tutoyait Dieu.

Qu'il tutoyait Dieu ? Qu'est-ce qu'il ne fallait pas entendre !

– Si tu ne fais que poser ton regard sur les reproductions, qu'est-ce que tu vois ? Hein ?

Le curé était un vrai enthousiaste de la peinture, un historien de l'art, un savant.

– On raconte qu'un jour, le grand Raphaël et Michel-Ange se rencontrèrent dans une rue de Rome. Le premier entouré d'une foule de serviteurs et de courtisans, le second sur une mule et seul. Le symbole est tout entier là. Face à la vedette, l'artiste seul, celui qui fuit le monde des mortels. Il habite dans un taudis, sa *mia scura tomba.*

L'enthousiasme de Justin était communicatif. Il ne faisait pas qu'aimer ce peintre. Non, il était passionné par la Renaissance, les peintres de tous les pays, de toutes les cultures.

Dans sa promenade savante, il cita en vrac Sandro Botticelli, Friedrich Herlin, Simon Marmion, Enguerrand Quarton, Lorenzo Costa, Domenico Ghirlandaio, Leonardo da Vinci, le précurseur magnifique, Jacquemart de Hesdin et « Les Très Riches Heures du duc de Berry », Thomas de Coloswar, Cristoforo Moretti, Giovanni da Modena, Lorenzo Salimbeni, le dessin aigu de Pisanello, qui accumule à plaisir les détails, un grand artiste refusant les dures lois de la réalité, Pietro Perugino, dont Vasari disait : "Fu Pietro personna di assai poca religione" (Pietro était une personne qui n'avait que peu de religion), Luca Signorelli, le rival de Botticelli, Petrus Christus, qui faisait partie de la seconde vague flamande et qui avait peint à côté du génie Van Eyck, et dans la lignée Aelbert Van Ouwater et Dieric Bouts, Hugo Van der Goes, Gérard de Saint-Jean, Jacob Jansz, Hugo Jacobsz et puis, surtout, Hieronymus Bosch et les grâces miraculeuses de ses fantasmagories.

Gus était abasourdi, soûlé, dompté.

– Justin, dis-moi, tu te souviens vraiment du Luc et d'Aniane ?

Celui-ci hocha la tête en regardant son ami dans les yeux, il savait où il voulait en venir...

– Oui, je me souviens.

L'eau glacée du puits, la soupe beaucoup trop claire, les coups des éducateurs sadiques et négligents. Et pas que cela. La vengeance de Gustave. Une histoire horrible avait liée les deux garçons. Un concierge... Enfin, dans ces établissements on embauchait n'importe qui. Un ancien militaire, employé au poste de concierge parce qu'il avait la discipline dans la peau, avait frappé Gustave pour une babiole avec tellement de violence qu'il l'avait laissé à moitié mort. Si Justin n'avait pas été là... Gustave avait mûri sa vengeance longtemps, affûtant jour après jour une lame coupante comme un rasoir. Et puis, un après-midi, le guet-apens dans le sentier menant à l'atelier. Un chemin que l'homme empruntait tous les jours car c'était un méthodique sans imagination. Tout s'était passé comme il l'avait prévu. L'ancien soldat de la dernière guerre, celle où on était parti la fleur au fusil, s'était pris les pieds dans la ficelle et empalé sur la faux en tombant. Prétextant une envie subite de pisser, Gustave était allé voir si son piège avait fonctionné. Le concierge se tordait comme un ver de terre, la lame dans le ventre. Le garçon avait fait disparaître la corde, et les condés avaient conclu à un accident ! Un plan parfait.

– Tu construis les plans dans ta tête avant de les mettre en application, et là... T'es ce qu'on appelle un intellectuel, lui avait expliqué Robert, un garçon atteint d'hypermnésie et aussi, disait-on à l'orphelinat, de débilité affective, un terme qui ne voulait absolument rien dire.

D'ailleurs, des années plus tard, dans le milieu, on l'avait surnommé Gus la Gamberge.

C'était loin maintenant, mais les deux amis se comprirent bien. Ils avaient eu chacun une enfance bien chaotique.

Justin était le fils d'une blanchisseuse et d'un hobereau local. Enceinte, l'homme n'avait plus eu envie de la voir. Alors, à la naissance de l'enfant, la mère l'avait déposé sur le seuil de la maison bourgeoise du père... qui l'avait immédiatement emmené à l'orphelinat. Vers l'âge de cinq ans, Justin s'était retrouvé dans une maison de correction pour avoir volé une poire dans un verger. Trois ans pleins ! Faut dire que les juges n'aimaient pas beaucoup les enfants de filles mères, encore moins, si c'était possible, que les orphelins.

Quant à Gustave, sa vie avait été tout aussi triste. Il aurait pu avoir une enfance heureuse. Il était né dans une famille bourgeoise, son père était médecin au Caylar. Une épidémie de grippe espagnole avait décimé tous les siens et une bonne partie du village. Du jour au lendemain, il s'était retrouvé dans une famille d'accueil. Puis le notaire du coin, homme âpre au gain et sans scrupules, pour racheter la jolie maison du médecin une poignée de figues, avait dénoncé Gustave à la maréchaussée, pour vol. Il avait neuf ans. Il en avait pris pour cinq ans. Des années plus tard, il avait retrouvé cet homme et avait voulu récupérer la maison familiale… Cette histoire avait été le point de départ de tous ses ennuis. Ils étaient arrivés en cascade et, comme un château de sable, sa vie s'était écroulée.

Les deux enfants s'étaient retrouvés dans une maison de correction agricole dans le Larzac, tous deux employés au début comme chiens de troupeau. L'État payait les établissements de ce type pour chaque tête, les nourrissait à peine et fournissait à chacun un trousseau très, très sommaire. Ils étaient plus rentables que les chiens et couraient plus vite. Ils devaient faire rentrer les moutons à l'étable et aboyer. Comme de vrais chiens ! Bien sûr, ils auraient pu se contenter de crier, mais l'homme qui s'occupait d'eux trouvait ça plus marrant de leur faire imiter les cabots. Il ne les faisait pas courir à quatre pattes parce que cela n'aurait pas été très efficace, sans ça… Le soir, ils dormaient avec les animaux qui leur tenaient bien chaud. Malgré l'humiliation, ils ne détestaient pas ce travail peu compliqué, au moins ils pouvaient boire de longs traits de lait sortant directement du ventre des femelles, et ils n'avaient pas froid la nuit. Pour les petites filles – il y en avait six –, c'était beaucoup plus dur. La femme de la ferme, une sorcière redoutable, les obligeait à travailler dans le potager pieds nus pour qu'elles ne marquent pas la terre de leurs sabots. Été comme hiver ! Pendant le temps où Gustave et Justin étaient à la ferme, ils en avaient compté trois de mortes… La moitié ! De froid, de faim, de brutalités.

Gustave se souvenait très bien de l'une d'entre elles, blonde comme les blés, avec des yeux d'un bleu étonnant. Une fille du Nord. Comment était-elle arrivée là, mystère. Les garçons ne pouvaient pas parler aux filles car la vieille les surveillait constamment. Pensez ! des petits vauriens… Cette fillette avait commencé par tousser, puis par cracher du sang, et, un soir, elle était morte. C'est Gustave et Justin qui l'avaient découverte, entièrement gelée et toute blanche du givre du matin. Elle souriait comme un ange. La vieille l'avait tout simplement oubliée dehors.

Ensuite, les garçons avaient été utilisés comme bêtes de somme pour enlever les cailloux des plaines. Travail stupide et éreintant, digne des esclaves de l'Antiquité. Lever à six heures :

– Mettons-nous en présence de Dieu et adorons-le !

Il fallait se mettre à genoux sur le sol glacé des cellules pour le quart d'heure de prière journalière. Interminable ! Le *Notre Père*, le *Je vous salue Marie*, les actes de foi, d'espérance et de charité… Les mots étaient encore bien présents dans la tête de Gustave, ils roulaient dans son crâne comme des dés dans un bol. «Ayez pitié de nous […]. Éclat de la lumière éternelle, splendeur du Père et du Fils, zélateur des âmes, astre de justice, de votre colère, de notre péché, l'esprit d'impureté […].» Des incantations fortes en symbole. Et puis, dans cette prison-là, il y avait les autres. Aussi durs que les gardiens, aussi tordus, aussi pourris. Il fallait se défendre sans cesse à cause des embuscades, des guerres intestines, des tensions provoquées volontairement par les gardiens, il fallait aussi se garder des viols collectifs ou solitaires par les plus forts, les tenants de la loi. Là, l'amitié des deux garçons les avait souvent tirés d'affaire. Quand on est deux, on est deux fois plus fort ! Ils avaient deux paires d'yeux, deux consciences, deux paires de poings et de pieds.

Et puis la faim. Toujours là, aux aguets, endémique, bien pire que le reste… Une faim terrible qui les tenait toute la journée et même la nuit, tout le temps. Tout le temps. C'était lancinant, obsédant, hallucinant, une antienne. À sept heures, on leur donnait la moitié de la ration quotidienne de pain, pas plus de deux cents grammes. Une fois le pain mangé, ils partaient aux champs.

Oui, Justin se souvenait bien, sa décision de rentrer dans les ordres n'avait sans doute pas été étrangère à cette enfance brisée. Comme s'il en avait eu honte, comme s'il avait voulu racheter la faute de ces hommes et de ces femmes qui avaient décidé d'exploiter de jeunes existences pour s'enrichir. Petitement dans le cas des paysans, mais à plus grande échelle dans les maisons de correction. Car ce n'était pas très difficile d'en ouvrir une. Il suffisait de présenter bien, d'être un bourgeois ou, encore mieux, de figurer dans les petits papiers d'un homme de pouvoir et ça suffisait largement. Les enfants étaient une main-d'œuvre précieuse, gratuite, infatigable, l'estomac tout petit et à toute épreuve, durs à la fatigue, au froid et au chaud. Et surtout, surtout, en cas de perte, si le petit ou la petite mourait, le réservoir des orphelins était inépuisable !

Aujourd'hui, ce n'était plus la faim, c'était la religion qui était au centre de la vie de Justin. Et la peinture. Les deux hommes reprirent leur discussion et, au fil des monologues de Justin, Gustave se rendit compte que son ami connaissait tout sur la peinture. Tout ! La technique, l'histoire, l'interprétation. Soir après soir, le mauvais garçon sentait venir une vraie curiosité et se mit à dévorer littéralement les livres. Au début, la langue particulière employée par les spécialistes le rebuta. Mais Justin, gentiment, patiemment, et même avec un plaisir évident, la lui apprit. Gustave passait ses journées avec les images et les propos savants. Ses pieds, quant à eux, guérissaient plutôt bien, sauf les brûlures qui continuaient de suppurer. Maintenant, il pouvait s'asseoir et, comme le lui avait prédit Justin, il pouvait poser, légèrement et en canard, ses arpions par terre. C'était douloureux mais faisable.

La vie s'organisa. Le matin, très tôt, le prêtre allait à l'office, puis il portait à son ami un bol de café chaud, une tranche de pain et un chicoulon de confiture de mûres sauvages que les sœurs ramassaient sur les fortifications de la cure. Puis le curé allait travailler dans son nid d'aigle jusqu'à midi, heure à laquelle ils partageaient un repas dans la grande chambre aérée. Ensuite, Justin retournait au travail jusqu'au soir. Après le léger souper, les deux hommes évoquaient les souvenirs de leur jeunesse ou, de plus en plus souvent, discutaient d'art.

La collation du soir se composait invariablement d'une soupe claire, d'un bon verre d'eau de la source de la colline de la Garde et d'un bout de pain. Malgré la libération de la France, les restrictions persistaient. D'ailleurs, l'utilisation des tickets pour les matières premières était toujours en vigueur. Les rations de Justin étaient données en partage dans la communauté religieuse. Il n'y avaient pas de gros parmi les collègues du prêtre, ni dans les environs.

Toute la population marseillaise manquait d'à peu près tout, spécialement de corps gras et de sucre, en ce difficile après-guerre. Les religieux n'étaient pas les plus à plaindre, ils disposaient d'un petit potager, à la cure.

Le temps passa ainsi entre travail et discussions, et Gustave oublia beaucoup de choses. En fait, il n'avait jamais connu une telle paix et commençait à l'apprécier. Bientôt, le printemps fit son apparition par une très belle matinée claire et ensoleillée, les fleurs partout éclosaient, et on avait envie d'enfiler un maillot de bain et d'aller se faire un plongeon du côté de Malmousque, à la plage du Prophète, à la Pointe-Rouge, voire de prendre carrément le tramway pour les Goudes. Gustave aurait pu, ses pieds ne suppuraient plus et la cicatrisation était presque terminée.

Quand Justin apporta le plateau ce midi, le convalescent, timidement, osa une demande.

– Justin, écoute. Tout seul je m'ennuie.

– Tu lis.

– Oui, bien sûr, c'est bien, mais il me faudrait une activité. Tu ne pourrais pas me prêter un pinceau et un peu de couleurs ? Juste une fois. Je ferai entention de ne pas salir dans ta chambre.

Justin resta stupéfait. Et ce qui suivit l'étonna encore plus :

– C'est simple, j'ai envie de peindre ! Tu m'as donné le virus. J'en meurs d'envie, mettre de la couleur sur un carton, sur un papier... sur n'importe quoi.

Deux oiseaux, dehors, se disputaient une proie, un poisson, quelque chose. Justin regarda son ami comme si c'était la première fois qu'il le voyait.

– Eh ben ça alors, si je m'attendais !

Sourire gêné de Gustave :

– Je ne sais pas comment ça m'a attrapé.

C'était arrivé comme ça, sans que rien le laisse prévoir, il en avait été aussi surpris que son ami l'était maintenant.

– C'est à cause de l'autre matin, quand le soleil entrait par la fenêtre et caressait le sol. Les mallons ont tout à coup pris une couleur tellement... spéciale. Ils se sont mis à trembler.

En fait, il y avait autre chose. Il ne le lui dit pas car il n'osait pas, mais quand il le voyait revenir de son atelier avec, dans les yeux, cette lueur extraordinaire, il désirait lui aussi posséder cette lumière, si riche qu'il avait l'impression de n'avoir pas assez d'intelligence en lui pour l'obtenir...

C'est vrai que le petit curé était magnifique quand il arrivait ainsi, plein de la beauté du monde et des hommes. Gustave était jaloux de cette richesse.

Jour après jour, lisant les textes sur les grands peintres et admirant leurs œuvres, le jeune cacou avait envié celui qui nettoyait les tableaux, qui prenait cette responsabilité-là, elle le rendait incroyablement inestimable à ses yeux.

Justin fut impressionné. Il comprit que quelque chose venait de disparaître définitivement chez son ami pour, comme le Phénix, renaître. Peut-être même renaître à une vie normale. Mais à part lui, personne ne le savait, et surtout pas le principal intéressé.

Le jeune curé, très content, se félicita d'être l'artisan de ce renouveau.

– Je vais te chercher tout de suite le matériel nécessaire.

Il remonta la colline en chantonnant, pénétra dans la chapelle et grimpa jusqu'à son atelier. En chemin, il croisa sœur Jane qui lui sourit gentiment.

– Eh bien, mon frère ! Vous avez l'air bien joyeux ce matin. Que vous arrive-t-il pour que vous soyez autant en forme et aussi gai ?

C'était une minuscule chinoise. Elle avait vécu presque toute sa vie en Extrême-Orient. On murmurait que son enfance avait été terrible, mais on ne voyait pas sur son visage les traces de son douloureux passé. Elle avait toujours un sourire aux lèvres, une véritable joie dans la cure.

– Mon blessé reprend enfin goût à la vie !

Elle hocha la tête, son éclatant sourire ne la quittait pas, même une seconde. Son regard noir comme l'ébène était vif et malicieux. La pensée fugace de ses cheveux de jais cachés sous sa coiffe surgit dans la tête de Justin. Quelquefois, il se demandait même si elle souriait en dormant… Certainement. Elle chantonna :

– Tant mieux, tant mieux ! Eh bien alors, passez une très bonne journée !

Il s'inclina à moitié.

– Vous aussi ma sœur.

Une fois devant ses pots de terre où les pinceaux, les poils en l'air, l'attendaient, il réfléchit un moment en marmonnant.

– Faut pas lui donner des brosses trop neuves, celles-là perdent leurs poils au début de leur utilisation, il pourrait se décourager.

Il sortit un manche de bois modelé par le travail où ne restaient que quelques poils qui dépassaient encore.

– Ceux-ci, par contre, sont bien trop vieux. Fan de chichourle ! Même moi je n'arrive plus à les utiliser. Ils datent au moins de l'an pèbre !

Il n'aimait pas jeter, attaché qu'il était à ses vieux outils. Il sélectionna avec attention des pinceaux pour Gustave.

– Poils de martre ligaturés à longue sortie de soie ? Trop sophistiqué pour commencer.

Il avait l'habitude de parler tout seul, un effet de son état. À une époque, il avait eu envie d'un animal de compagnie, et puis il laissa tomber l'idée, croyant voir dans ce désir une faiblesse. Et il avait accepté de se causer à lui-même. De toute façon, il n'y avait dégun pour s'en rendre compte et se moquer, alors !

– Allez ! une soie de porc ligaturée. C'est vendu ! Bon, une ou deux brosses rondes avec virole, des plates en mangouste, il en aura besoin... Cette jolie petite en martre, cet autre petit-gris en touffe, et celle-là, double plume. Une brosse à rechampir avec la virole en cuivre. Quelques spalters en poils auriculaires de bœuf seront bien nécessaires, et en soie de porc encore. Des queues de morue, blaireaux, cela ne pourra pas lui faire du mal. Bon ! Les couteaux, c'est pas la peine...

Il rit.

– Et c'est tant mieux, je n'aurais pas pu lui apprendre.

Au fur et à mesure, il posait les pinceaux dans une boîte de peintre en bois, qui se fermait par deux viroles.

– Bon, ça ira bien question des pinceaux. Ce qu'il lui faudrait maintenant, c'est une bonne palette. Parce que ça a l'air de rien, mais c'est drôlement important, la palette ! C'est presque… religieux.

Il en choisit une, de forme assez ronde mais peu régulière, en acajou, qui avait déjà servi, la soupesa comme si le poids était important. On percevait encore des traces informes de couleurs ici ou là.

Il la débarrassa rapidement du surplus de peinture séchée à l'aide d'un couteau et supprima avec un chiffon les couleurs restantes, rajoutant amoureusement dessus une fine couche d'huile de lin qu'il fit pénétrer dans le bois avec un petit tampon.

Il posa enfin, délicatement, dans la boîte une tige dont une extrémité était coiffée d'une boule molletonnée recouverte de cuir sombre : l'antique appuie-main dont se servaient la plupart des peintres depuis le début des temps.

– Que manque-t-il donc ?

Il se frappa le crâne, mécontent de son étourderie.

– Suis-je fada tout de même ! Il manque évidemment le chevalet et la toile.

En farfouillant derrière, dans une sorte d'appentis, il trouva un joli petit chevalet en bois précieux et sombre. Puis il déverrouilla une poulie qui laissa descendre du haut de la statue un bloc de châssis dont certains étaient entoilés. Il en distingua un de dimension moyenne, monté en toile de lin.

– Parfait ! Enduit et impressionné, tout est fait. Il n'y a plus qu'à peindre ! Un chouia de siccatif, ouais… Pour l'instant, on ne va pas lui donner des pigments naturels ; on va faire simple. Parce que, hein ! si je commence à lui donner du sang-dragon, de l'oxyde de chrome, du chromate de plomb, du cadmium, du quinacridone, du phtalocyanure, de l'indigo, de la garance ou les pigments azoïques, il va complètement s'affoler ! Bon, alors, j'ai dit les couleurs de base…

Il sortit de dessous sa table de travail un carton rempli de tubes de peinture et le posa délicatement sur la table.

– Forcément, du bleu de Prusse, ça, on ne peut pas y couper… jaune de chrome, bleu de cobalt, vert émeraude, bleu outremer, vert Véronèse, jaune et rouge de cadmium, terre de Sienne brûlée, du noir et du blanc… Voilà, avec ça, il va pouvoir nous faire des miracles.

Quand la boîte fut pleine, il la referma soigneusement, la suspendit à son épaule, pris le chevalet de l'autre bras et partit rejoindre Gustave.

Balalin-balalan, le curé redescendit de là-haut chargé comme un mulet et en riant.

« J'espère que je ne me trompe pas et qu'il va s'accrocher à cette passion qui a enragué mon cœur il y a bien longtemps », pensait-il.

Gustave fut fortement impressionné par le matériel que son ami étala sur le lit, et protesta :

– Mais c'est trop ! Beaucoup trop ! Je voulais juste un peu de marron, et puis du rouge pour barbouiller, pour m'essayer quoi !

Il pensait encore aux mallons. Justin s'insurgea :

– Barbouiller ? T'essayer ? Non, non ! Ça ne marche pas du tout comme ça. Tu vas peindre, mon beau cacou. Je vais te montrer, moi !

Son regard furetait çà et là.

– Mais avant toute chose, il faut déterminer où la lumière est la meilleure.

Il observait sa chambre attentivement, comme si c'était la première fois qu'il la voyait. Gus l'interrompit en posant affectueusement son bras sur le sien.

– Excuse-moi Justin. Mais j'aimerais, pour la première fois, me débrouiller comme ça, tout seul. Ce soir, je te le promets, tu me commenteras et tu me donneras toutes les leçons que tu voudras. Mais en attendant…

Le curé, d'abord surpris, fut un peu peiné par la demande. Il aurait bien voulu diriger les premiers pas du peintre amateur. Mais bon… Haussant les épaules, il accepta les exigences du blessé et quitta la pièce.

Gustave attendit d'être tout à fait seul pour se mettre à l'ouvrage, laissant passer un moment à regarder la toile encore vierge, les pinceaux propres. Puis il ouvrit un tube de couleur, en étala une noix sur la palette et plongea avec délice une brosse dans la matière colorée.

4

La journée s'écoula comme dans un véritable rêve. En fait, il ne voyait pas du tout le temps passer. À midi, il entendit Justin arriver. Vite, il tourna le chevalet pour cacher sa toile aux regards de son ami. Celui-ci comprit et ne fit aucun commentaire. Ils mangèrent en silence. Dès qu'il fut à nouveau seul, il reprit sa peinture.

Toc, toc, toc…

Il sursauta. Le soir était tombé et Justin toquait à la porte de la chambre, ne voulant pas mettre dans l'embarras l'apprenti peintre. Gustave sourit.

– Entre, entre Justin ! C'est ta chambre tout de même. Tu ne vas pas commencer à devoir t'annoncer chez toi !

Il était assez content de lui, et tourna d'un air conquérant le chevalet vers Justin. Le visage de celui-ci s'éclaira.

– Ah ! *Alla prima !*

Et pour Gustave :

– C'est un terme italien qui veut dire une peinture faite en une seule fois, comme les études ou les esquisses qui demandent une rapidité d'exécution appelée *fa presto.*

Sur la toile, Gustave avait essayé de représenter le carrelage de la chambre, éclairé par un rayon de soleil de ce début de printemps.

– C'est pas mal du tout pour une première toile exécutée sans les conseils d'un professeur. Je te félicite ! Si, si ! Il y a de l'idée.

Suivit alors un vrai cours sur la technique, la lumière, la couleur, la mise en place, Justin tapotant le chevalet :

– Comprends bien ce que je dis. Les choses commencent toujours de la même manière : voir. Nous en avons déjà parlé. Comment décode-t-on le monde ? Eh bien, ça dépend de ton regard. Bien sûr, il y a la façon dont la lumière éclaire la scène que nous regardons. Là, tout dépend de l'angle et de la qualité de cette lumière. Avant le XVIIIe siècle, par exemple, les ateliers n'étaient que très médiocrement éclairés car les ouvertures étaient rares, le verre, cher ou inexistant. Les fenêtres de ce qu'on appelait autrefois les chambres de travail étaient en général assez hautes. Chacun avait sa théorie. Par exemple, Cennino Cennini préconisait une seule ouverture, afin, disait-il, d'éviter les jours contrariés, nuageux ou couverts. Par contre, ici…

Il se tourna vers la percée donnant sur la Méditerranée et la ville.

– C'est plutôt comme l'atelier de Titien qui, lui aussi, était éclairé par plusieurs fenêtres ouvrant directement sur la pleine mer. Leonardo da Vinci, dans son *Traité de la peinture* est l'un des rares à conseiller l'éclairage zénithal pour les portraits, avant que la fameuse école de David n'impose, dans presque tous les cas, une lumière septentrionale.

Justin, debout, devant le lit, allait et venait, levait un doigt, inspiré. Gustave sourit de la transformation du petit curé en professeur distingué.

– Oh, tu peux rigoler, vaï ! Le travail de l'artiste dépend beaucoup des conditions de la lumière dans son atelier. Regarde, par exemple, Titien, encore lui. Il travaillait souvent le soir, à l'heure du pastaga, exactement au moment où le soleil baignait tout dans les rouges orangés, l'or et les noirs profonds. Son travail s'en ressent forcément, avec ses harmonies fauves… Et c'est pas le seul ! Le Caravage, au XVIe siècle, travaille carrément en pièce obscure, uniquement éclairée par une lumière haut placée qui frappait les parties principales du tableau et laissait les autres dans l'ombre. Ça a donné le clair-obscur, ce qu'on connaît de cet artiste fantasque et maniéré…

La soirée se poursuivit ainsi, monologue passionné et passionnant.

Jour après jour, du matin au soir, Gus peignait, et les nuits se succédaient, avec les discours hallucinés de Justin que Gustave buvait littéralement comme un vrai alcoolique en état de dépendance. Il se niasquait du savoir de son ami.

Et il se transforma. Moralement et physiquement.

La barbe lui poussa, comme à un vrai peintre ! Lui qui adorait naguère aller se faire raser chez un distingué barbier de la ville, dépensant de l'argent vite et facilement gagné. Le signe d'une certaine réussite. Comme de se faire cirer les chaussures par un voltigeur, un de ces enfants des rues qui pullulaient en ville.

Et puis Gus n'avait pas perdu de vue qu'il lui fallait encore se cacher. Et la barbe, ce n'était pas bête. Finalement, ça lui plaisait, tous ces poils, ça faisait partie de son nouvel état.

Quant aux tifs, ce fut Justin qui s'en occupa. Une coupe rapide, nerveuse, encore très loin de celle que le marlou se faisait réaliser chez ces grands coiffeurs de la rue de Rome ou de la Canebière, juste après le bain.

Qui aurait pu reconnaître dans cet homme en soutane, rustique, le regard fuyant mais brillant de passion, la barbe hirsute, oui, qui aurait pu faire le rapprochement avec le brillant cacou gominé qui paradait aux bras de jolies filles aux Bains des Catalans ?

Dégun. Personne de personne.

Même son sauveur était surpris de sa métamorphose. Pendant tous ces longs mois où l'ancien truand apprenait la peinture et changeait, le professeur Justin fit preuve d'une patience étonnante pour cette bouillante tronche de voyou, et préféra remarquer les progrès de son élève plutôt que de le juger. Alors que, depuis toujours, c'était le cynisme, la méfiance et les rapports de force qui avait prévalu dans sa vie, Gustave apprit qu'une chose faite gratuitement pouvait être en quelque sorte gratifiante.

Lui qui n'avait jamais pu aller en classe se découvrait curieux, sensible et doué dans l'apprentissage. Il se sentait grandir, impression enivrante. Il assimilait tout avec une vitesse étonnante, jamais on avait vu élève plus appliqué, ne quittant l'outil que pour le livre ou la discussion. Aussi intelligent pour l'étude qu'avec ses mains.

Tous les jours les deux hommes, après le repas du soir, parlaient librement, et Gustave oubliait sa vie passée. Les girelles légères, le pognon, le pouvoir.

Les deux hommes se découvrirent même des points communs. Justin avait beaucoup voyagé comme marin sur les cargos avant de se rendre compte qu'il voulait offrir sa vie à Dieu. Un mystère absolu pour Gustave, qui demanda un soir :

– Ça t'a pris comment ? Tu sais, la vocation, l'habit sacerdotal et tout…

Long silence, ponctué par l'horloge. Puis le jeune curé, avec un sourire gêné, lui répondit :

– Tu sais, ce genre de truc, c'est spécial… C'est quelque chose de très, très personnel, et qui ne regarde que moi. Bon, il faut que tu saches qu'il s'est passé dans ma vie un événement qui fait que je ne pourrai pas… que je Lui suis redevable. À Lui…

Un silence pesant suivit encore, et Gustave comprit qu'il avait touché là un point crucial, douloureux. Mais il ne dit rien car il ne savait pas s'excuser, il n'avait jamais appris. Dans son milieu, les excuses n'existaient même pas. Au bout d'un moment, il haussa les épaules.

– Moi, tu sais, la religion, l'église et toutes ces simagrées, ça n'a jamais été mon fort. Je n'y suis jamais allé pour prier, seulement pour un mariage, un baptême ou un enterrement.

Il allait à beaucoup d'enterrements, du temps où il faisait le cacou du côté du quartier Saint-Jean.

– Je ne crois en rien du tout.

Puis il rit.

– Tu te souviens sœur Controverse ? Du foyer ?

Justin sourit, se détendit. Allons, son ami était gentil au fond.

– Pétard, oui ! Quelle peau de vache ! Elle nous refilait des calottes, juste pour le plaisir, quand la supérieure tournait le dos.

Les souvenirs d'enfance chassèrent le nuage noir du passé. Gus se promit de ne plus jamais aborder le sujet.

Travail, étude et fascination. Culpabilité, volonté, mémoire, imagination, et surtout désir. Les mois s'écoulèrent et le truand devint un peintre honorable, puis un bon peintre, et enfin un excellent peintre.

Un jour, lors du repas de midi, Gus surprit le curé. Il se tenait debout, sur ses pieds, tout seul, et regardait la mer, tout près de la fenêtre.

– Oh, fan de chichourle ! Tu m'as fait peur, j'ai bien failli lâcher le plateau. Qu'est-ce que tu fais ? Tu es fou ? Tu n'as plus mal aux arpions ?

Gustave se retourna et lui fit un grand sourire. Pliant simplement le genou et levant la jambe, il lui montra fièrement le dessous de son pied gauche.

– Tu vois ! Je suis presque complètement guéri. Mes vilaines plaies se sont refermées toutes seules. Enfin, grâce à tes soins !

Justin posa le plateau sur la table encombrée des tubes de peintures, et s'approcha pour vérifier.

– Attends, tu es à contre-jour, j'y vois rien du tout. Assieds-toi par-là.

Gustave s'exécuta. Délicatement, Justin passait ses doigts habiles, professionnels, habitués aux caresses sur les choses et sur la peinture.

– Tu as encore mal ? Si je touche ici ?... Et Là ?

– Que dalle !

Les brûlures avaient laissé une large trace rose qui lui montait jusqu'aux mollets, comme une paire de chaussettes claires. Justin se moqua gentiment :

– Un vrai petit pied de cochon de lait, on en mangerait !

Gus retira son peton.

– Ça te fâche ?

– Non ! Tu me chatouilles, couillon !

Justin hocha la tête, satisfait.

– Tant mieux, ça prouve que tu as drôlement bien récupéré. Tu sais, je peux te le dire maintenant, j'ai eu peur que ça prenne plus de temps. Parce que, à vrai dire, c'est pas que tu me gênes... mais pour trouver Dieu, j'ai besoin d'être seul avec Lui !

Ils avaient convenu qu'après la guérison Gustave irait s'installer dans le hamac de l'ancien navigateur, là-haut, face à la ville et aux gabians, dans la tête de la Bonne Mère, gigantesque, symbole de la foi populaire retrouvée après les troubles de la Révolution et de la guerre.

L'homme pressenti pour la réalisation de la statue était un sculpteur plein de talent, et qui avait déjà réalisé à Marseille quelques belles œuvres pour le palais Longchamp et aussi la façade de la préfecture. Il s'appelait Eugène-Louis Lequesne. La statue fut coulée aux établissements Christofle, et c'est la municipalité – décidément, la Révolution était loin – qui paya la dorure et l'installation de la Vierge monumentale, qu'on dut monter en quatre morceaux, sur le socle qu'elle occupait toujours. Pour être honnête, il fallait bien dire que le peuple, toujours malicieux, comparait la basilique du bâtisseur à une monstrueuse locomotive à vapeur. Elle était dorée à la feuille, en cuivre galvanoplastique, tout nouveau procédé de l'époque. Révolutionnaire ! Encore que ce mot ne fut pas en odeur de sainteté dans le milieu des gens de robe.

Justin soupira.

– Tu vas être bien, tu verras ; le temps qu'on te trouve un logement en ville.

Gustave sentit une lame glacée lui traverser le corps à cette pensée. Il n'arrivait pas à imaginer cette possibilité. Il repensa à son enlèvement, à la promenade en mer dans le pointu avec les brutes, et puis à sa descente dans la mer noire.

– Non ! Je veux rester avec toi, ici ! cria-t-il soudain, faisant un mouvement violent.

Le curé discerna, avec son bon sens, sa panique irrépressible. Il ne connaissait toujours pas la véritable raison de cet effroi, une épouvante qui le dépassait, mais il calma son ami, lui tapotant le bras.

– Ne t'inquiète pas, tu peux rester tant que tu veux ici. Tu partiras quand tu voudras. C'est pour dire que tu es libre.

– Oui. Plus tard je sortirai, balbutia Gustave en se détendant peu à peu. Par contre, m'installer tout de suite là-haut, je veux bien. Je me sens vraiment mieux. Je pourrai y aller dès demain… Et même le matin.

Dès l'aube, les deux hommes se mirent en route. Le curé avait, la veille, acheté à un shipchandler du port des espadrilles pour savonniers. Fabriquées en paille, elles leur permettaient de circuler tranquillement dans leurs lieux de travail rendus dangereux à cause du savon de Marseille. Avec, on pouvait carrément courir sans risquer de glisser sur le sol huileux. Des pantoufles parfaites pour Gustave.

En chemin, ils croisèrent sœur Jane et son éternel sourire asiatique. Elle leur gazouilla un « Joyeux matin » et ajouta :

– Eh bien, je vois que le blessé va beaucoup mieux !

Gus inclina la tête en guise de bonjour et Justin répondit :

– Oui, et comme vous le voyez, ma sœur, nous allons faire un brin de visite. Il faut bien sortir un peu, n'est-ce pas ? Et comment vont ces fameuses tomates que nous attendons tous avec impatience, au point que je me demande si ce ne serait pas un peu de la gourmandise ! Elles viennent bien ?

Le petit jardin potager de la cure, c'était le travail spécifique de sœur Jane. Reprenant le terme paysanas du coin, elle répliqua gentiment avec son accent asiatique :

– Elles viennent bien, elles viennent bien, Dieu merci ! Mais c'est un peu long.

– En effet. Comme on dit par chez nous, on a le temps de tuer un âne à coups de figues molles !

– Oh, pauvre bête ! fit sœur Jane en rougissant. Et les deux religieux partirent de rire.

Gus se demanda s'il ne flirtait pas un peu, son ami curé. Il se promit de le gansailler dès que l'occasion se présenterait.

La montée dans le corps du monument fatigua un peu le convalescent, mais il ne se plaignit pas. Simplement, il s'arrêta un chouia sur le palier inférieur, juste avant d'attaquer l'escalier menant à l'atelier. Il remarqua des détails curieux qu'il n'avait pas vus la fois où il était descendu sur le dos de Justin. Des inscriptions en latin, des dessins étranges, des signatures dans la pierre.

– Il faudra que je visite la basilique un de ces quatre.

– La crypte aussi est intéressante, en profita le curé. Je te l'assure, elle vaut le détour. Je te la ferai voir un peu plus tard, quand tu marcheras mieux. Un soir, c'est mieux, quand les ouailles et les touristes sont couchés. On s'y sent les rois du monde.

Les poutrelles métalliques arrimant et traversant la statue étaient prévues pour s'opposer au mistral le plus sévère.

L'escalier en fonte noire mesurait plusieurs mètres de diamètre et leurs pas résonnaient dessus, gling-glong, comme un glas.

À peine arrivés, un détail frappa Gustave. Une seconde table faisait face à celle de son ami, avec un second fauteuil pivotant et même un petit coussin brodé de motifs religieux, représentant le chemin de croix. Exactement le même qui protégeait les fesses maigres du curé. Plus tard, il apprendrait de la bouche de Justin que c'était grâce à la gentillesse et au talent de sœur Jane qu'il avait ainsi le cul douillettement protégé.

– Nous pourrons être tous deux ensemble, déclara Justin. J'ai calculé juste. Quand le hamac est déplié, plus personne ne peut passer. Mais qui veux-tu qui vienne ici à part nous ? C'est comme un bout de monde, une île… D'ailleurs, si tu veux vraiment avoir une vue incroyable, tu peux monter jusque là-haut.

Effectivement, il y avait une espèce de trappe en ferraille qui menait dans la couronne de la Vierge, au beau milieu, en plein ciel. Le toit du monde.

Deux bouquins trônaient sur la table de fer destinée à Gustave. Ils étaient très vieux, le premier vraiment en mauvais état, la couverture en cuir déchirée laissant voir des bouts de fils, de roseaux, les tripes de l'ouvrage vénérable.

– Tu y feras bien entention, j'y tiens beaucoup.

« Manuel des jeunes artistes et amateurs en peinture par M.P.-L. Bouvier. Peintre, membre de la société des Arts de Genève, ancien élève de l'Académie de Paris. 1827. »

Gustave parcourut l'introduction, qu'il trouva marrante.

« Je publie cet essai, fruit de quarante années d'études et d'expérience, dans l'espoir d'être fort utile à une classe assez nombreuse d'amateurs et de jeunes artistes qui, trop éloignés des villes où se rassemblent les meilleurs maîtres et où fleurissent les arts, se trouvent privés d'en recevoir des leçons et n'ont souvent même aucun moyen de s'instruire de tout ce qu'ils devraient raisonnablement connaître et se procurer, afin de se livrer à leur goût pour l'étude de la peinture. »

Ce qui frappa le jeune homme, au-delà du ton un peu vieillot, c'était le message d'assistance. Le message d'un noble magister. Le second bouquin était encore plus vieux, si c'était possible. Plus petit, il était aussi plus épais, le cuir encore plus tanné. Curieusement en meilleur état, il avait cependant besoin d'être nettoyé et ciré, mais les feuilles des cahiers étaient bien attachées et nulle déchirure n'abîmait sa couverture où on pouvait lire :

« Secrets concernant les Arts et Métiers. »

Les secrets !

« Le présent Livre de Secrets, concernant les Arts et Métiers, fut achevé d'imprimer la veille de saint Jean-Baptiste, de l'année mille sept cent vingt et un. Aux dépens de Jean-Baptiste de la Rivière, demeurant sur l'esplanade, Libraire de la Cour de son Altesse Royale de Lorraine, natif de Coyecque, proche de Terouanne en Arrois ; on trouve chez lui toutes sortes de beaux Livres de Hollande et beaucoup d'autres pays étrangers. Le tout à très juste prix. »

Gustave l'ouvrit au hasard, très impressionné. Le langage d'un autre âge, peut-être un livre unique que plusieurs générations d'artistes avaient compulsé avant lui.

En introduction l'auteur déclarait :

« Avis. Lecteur pour vivre bien content /Lisez pour apprendre à bien vivre / Et ne perdez point votre temps / À chercher les fautes d'un livre / Il n'en est point de parfait / Où vous ne puissiez reprendre / Il n'en est point de si mal fait / En qui vous ne puissiez apprendre. »

Gustave tourna la page.

« Le libraire aux lecteurs. Les hommes doivent contribuer de tous leurs pouvoirs au bien et à l'agrandissement de la société, à laquelle ils sont redevables des commodités et des agréments de la vie dont ils jouissent. Elle procure ces avantages aux particuliers qui la composent, reçoit en même temps de chacun d'eux, par le tribut de leurs travaux, l'usure de ses bienfaits. Entre ceux qui s'acquittent le plus fidèlement de ce devoir, ceux qui exercent les Arts et Métiers tiennent sans contredits les premiers rangs. Leurs productions sont évidentes et réelles, au lieu que quantité d'autres sont purement imaginaires et ne sont regardées comme de vrais biens que du point de vue où l'imposture et la séduction les ont placées. Les Arts et Métiers, si nous en jugeons sainement, méritent donc en effet avec autant de justice l'estime et la reconnaissance publique que ces vaines professions qui ne sont fondées que sur les vices et l'opinion des hommes, les usurpant injustement : elles s'attribuent les plus grandes récompenses, qu'elles travaillent continuellement à détruire ; au lieu de cela, les Arts et Métiers, qu'elles méprisent, comme des conditions inférieures, s'efforcent d'en conserver et d'en augmenter le lustre et l'économie. »

« Comme je suis dans l'usage de faire un commerce juste et raisonnable, j'ai toujours en vue, mon cher lecteur, de vous donner des ouvrages, qui non seulement ne puissent pas corrompre ni diminuer en vous le goût du vrai et du bon, mais qui puissent vous proposer tout l'avantage que vous pourrez espérer. »

Là encore, ce petit texte le fit réfléchir.

Lui, depuis longtemps sans aucune morale, se souvenait brusquement de l'homme qui l'avait recueilli quand il s'était enfui de l'orphelinat. Ce n'est pas qu'il ne pensait jamais à lui, non… D'ailleurs, quand il avait pensé une fois fuir la France, il avait bien gambergé pour le rejoindre dans son Espagne natale, où il serait certainement plus en sécurité qu'ici. Mais il n'avait jamais envisagé les choses sous cet angle-là. Il avait toujours jugé que les actes de générosité du vieil homme étaient tout à fait normaux. Il lui avait apporté sa jeunesse, et l'autre avait plaisir à l'aider. Il ne lui devait donc rien. Que dalle !

Cet homme l'avait trouvé près du pont transbordeur à Marseille, où Gustave enfant essayait de pêcher. Il avait regardé avec des yeux rieurs le montage primaire de sa palangrotte et l'avait raillé gentiment :

– Ho niston, comment tu veux attraper du poiscaille comme ça ? Tu veux l'hypnotiser ?

La réponse hargneuse avait sifflé comme un boulet de canon :

– Je fais comme je veux ! J'ai besoin de dégun. Va te faire scoundre, le vieillard !

Il y avait dans les yeux de l'enfant une telle rage, un tel refus de toute sujétion et, pour tout dire, un tel désespoir que le vieil homme avait compris qu'il avait absolument besoin de quelqu'un. Un homme sage. Il ne s'était pas troublé de la rage du garçon, il avait l'habitude des révoltes, et avait mis du sucre dans ses propos, dans son œil et dans ses gestes. Juste ce qu'il fallait.

– Niston, regarde un peu au lieu de te mettre en boule. Il faut pas monter l'hameçon comme ça ! C'est beaucoup mieux si tu fais le nœud avant…

Il lui avait pris la ligne des mains, sans forcer, mais sans lui laisser non plus le loisir de refuser. Gustave, après une demi-seconde de résistance, avait finalement cédé et n'avait jamais regretté sa confiance. Le vieil homme lui avait montré comment attraper des poissons puis, en douce, sans avoir l'air d'y toucher, il lui avait appris la mer. Ce qu'il y avait au-dessus : les vents, la prévision en fonction de la forme des vagues, de la couleur du ciel, de la qualité de l'air... Et ce qu'il y avait en dessous : ils avaient plongé ensemble dans les courants pour percer ses secrets et visiter ses habitants.

L'homme s'appelait Jésus, et il avait un sens de la vie bien à lui. Mais c'était un homme bon. Il était grand et maigre. Et végétalien, il ne mangeait ni œuf, ni viande, ni même du poisson, ce qui en faisait pour son époque un type particulier. Il n'aimait ni les lois ni ceux qui les appliquaient. Il avait fait de sa vie quelque chose entre parenthèses. Jadis, il avait dû avoir maille à partir avec la société car il portait au cou un tatouage, une suite de traits bleus avec un « Découper suivant les pointillés ». Il riait en montrant ses dessins.

– C'est pour la Veuve noire ! Mais Deibler ne m'a pas encore attrapé ! Trop malin, Jésus !

Il avait raconté à Gustave l'époque où il s'était engagé dans des guerres anciennes, pour des combats douteux, mais sans jamais mettre en avant le côté politique des choses. Ils partageaient une grande méfiance, comme beaucoup d'hommes, envers les politiques.

– Pourquoi devrais-je donner mon bulletin de vote à ce type ? Qu'en est-il de son honnêteté ? Et pour quelle raison veut-il diriger la cité et le pays ? Pour aider les pauvres ? Ou plus sûrement pour obtenir du pouvoir, de la considération ou même, plus vulgairement, pour son enrichissement personnel ?

Jésus donna au jeune voyou l'amour de l'indépendance et de la justice, le refus de la domination et de la sujétion, mais, par contre, il n'arriva jamais à lui inculquer le respect des hommes, ses semblables.

Peut-être Gustave était-il trop jeune, mais il décida très vite de n'en faire qu'à sa tête, de ne penser qu'à lui, de rejeter en bloc les autres qui, il est vrai, lui avaient fait tant de mal… Pour lui, c'était tous des loups ! Qui ne pensaient qu'à se bouffer entre eux ! Pour s'en sortir, il décida qu'il serait un loup parmi les loups… Et tant pis pour les faibles !

– Tu as tort. Il faut être généreux, surtout avec ceux qui en ont besoin, ceux qui souffrent ! disait Jésus.

Mais Gustave n'entendait pas, il restait figé dans sa souffrance.

Aujourd'hui, en tournant les pages jaunies par le temps de ces vénérables incunables, il repensait à son vieux copain avec qui il était toujours en contact. Rentré à Barcelone à cause des événements, le vieux lui avait écrit plusieurs fois. Il voulait servir la République.

– Je ne suis pas encore trop vieux. Je peux certainement aider. Les jeunes ont besoin de conseils, non ? Qu'est-ce que tu en penses mon garri ? lui avait-il demandé sur les escaliers de la gare Saint-Charles le jour de son départ.

Gustave avait regardé longtemps les traits burinés, le corps ratatiné par l'âge, les mains calleuses de pescadou. Il avait hoché la tête et, pour la première fois de sa vie, son cœur avait battu un peu trop vite.

– Oui Jésus, certainement ! avait-il répondu avec une chaleur inaccoutumée ?

Aujourd'hui, il comprenait enfin pourquoi il avait presque eu les larmes aux yeux au départ irréparable de ce train. Cela avait été fugace, et il avait mis cette faiblesse sur le soleil du matin. Puis il s'était secoué et était reparti dans la vie comme si rien ne s'était passé. Mais le vieux lui manquait. Et tout ce qu'il avait donné aussi.

Le plaisir incommensurable du don. Donner était-il donc vraiment agréable ? Parmi les hommes, y en avait-il qui méritaient sa confiance ? Bien sûr, il y avait Justin, mais il était curé, c'était, comment dire ? Un professionnel de l'amour. Un expert du don de soi. Et puis, il en espérait certainement le paradis éternel ! Donnant, donnant. Ça ne comptait pas !

En feuilletant le livre, il s'effraya soudain des termes techniques employés par l'auteur ; malgré les tournures simples et anciennes, c'était un spécialiste qui écrivait, et même un savant.

« Poudre portative pour en faire de l'encre quand on veut. »

– Bon, ça, c'est pas dur à comprendre ! murmura-t-il.

« Prenez dix onces de noix de galle, trois onces de vitriol romain ou couperose verte d'alun de roche et gomme arabique, mettez le tout en poudre subtile dont on en mettra un peu, quand on voudra faire de l'encre, dans un verre plein de vin blanc qui deviendra noir dans le moment et propre pour écrire. »

– Oh pétard ! À part le vin blanc…

Il s'imagina vérifiant tous les produits dans un dictionnaire, la somme de travail pour comprendre le moindre mot !

– C'est assez beau, non ? Couperose verte d'alun… et pratique ! La langue ancienne a une certaine poésie, le calma Justin. Ne t'inquiète pas de ça… Y a plein de trucs dont tu n'as pas besoin aujourd'hui. De nos jours, l'encre s'achète tout simplement chez le papetier. Mais c'est toujours bien de savoir. Bon, je redescends chercher ton matériel et je reviens.

Resté seul, Gus s'installa tout près de l'œil gauche de la Vierge et, pensif, regarda Marseille qui s'étalait majestueusement en bas. Ici, ce n'était pas seulement un lieu de culte, c'était surtout un poste d'observation unique.

Certains historiens prétendaient que, lorsque les Grecs débarquèrent pour fonder leur comptoir, ils installèrent la statue d'Artémis, qu'on leur avait confiée à Éphèse, en haut de la colline, dans le but d'en faire un lieu sacré. Avant se dressait à cet endroit un culte païen à la gloire de Gaia, la déesse de la Terre. Et encore avant, en pleine préhistoire, il y avait une vigie.

Gustave admirait les différentes chaînes de montagnes qui enfermaient la ville, comme un immense écrin. La mer mystérieuse qui l'enveloppait comme une peau.

Lorsque Justin revint, les bras chargés des pinceaux, pigments et chevalet, Gustave avait déplié le hamac, l'avait accroché aux poutres et s'était endormi. Justin, après avoir posé le matériel, étendit tendrement sur lui la grosse couverture piquée qu'il avait prévue pour les nuits fraîches. Il le regarda un bon moment, pensif. Son ami allait-il trouver en lui les forces pour s'en sortir ? Oublierait-il ses démons ou saurait-il les affronter ?

Il haussa les épaules, sourit et s'en alla en murmurant :

– Ça va aller Gustave… Ça va aller maintenant.

5

Le printemps n'avait pas duré très longtemps. Juste le temps d'un soupir, un sanglot, une larme !

C'était ainsi par ici. Il caillait des meules, maître mistral rabotait les cœurs et les corps des hommes, puis il y avait comme un tremblement dans l'air et, d'un coup, vlang ! Tout basculait et c'était l'été.

Le vrai été.

Walou-macache-bono-bézef, le printemps ! Passée à la trappe, la saison du renouveau, celle des bourgeons, des amours et tout le bataclan ! L'hiver-l'été ! C'était comme ça, on n'y pouvait rien.

Une saison chaude où Gustave apprécia d'être dans les grandes hauteurs, profitant avec les gabians de l'alizé marin, frais et encore un chicoulon humide. Mais peu sensible à cette révolution climatique, il apprenait, jour après jour, les secrets du livre ancien, les différents vernis, les châssis, tout, tout... Avec, et c'est cela qui l'étonna le plus, un vrai plaisir.

Le plaisir de sentir son esprit se délier des chaînes qui l'asservissaient.

Il travaillait.

Énormément.

S'enivrant d'entendre son propre cerveau fonctionner. Il trouvait ça étourdissant, troublant, excitant, bouleversant. Une nuit, il avait même rêvé qu'il mangeait les livres dans une soupe pour assouplir le papier et le cuir. Un sentiment de plénitude naissait en lui. Il avait enfin conscience de vivre, qu'il était une machine complexe, capable du pire, bien sûr, mais aussi du meilleur.

Ses pieds étaient maintenant entièrement guéris. Il marchait de nouveau normalement, et même il courait dans l'atelier. Mais il n'avait quand même pas encore voulu descendre de son perchoir. Il était bien là, au-dessus de tous les dangers, protégé par son isolement de la folie des hommes et de la sienne.

Un jour, Justin le surprit en train de parler à sa toile.

– Tu fais comme moi, Gus ! Peut-être que tu tournes moine trappiste !

– Non, non… Simplement je pense tout haut.

– Mouais !

Une autre fois, n'y tenant plus, le curé précisa sa pensée :

– Ho couillon ! Tu parles tout simplement avec Dieu !

Gustave avait haussé les épaules à cette remarque absurde.

– Tu prends tes désirs pour des réalités. C'est simplement que je commence à devenir jobastre, à être ainsi tout seul comme un ermite.

Le petit curé s'était plaint comme un minot :

– Gus ! Je suis là tout de même !

– Oui Justin, et je t'en remercie. Si ce n'était pas le cas, je ne sais pas ce que je serais devenu.

Il était là et heureusement ! C'était le fil qui reliait Gustave au monde, aux hommes, aux idées. Justin avait, par exemple, des points de vue très personnels sur l'Histoire et son impact déterminant sur le monde de l'art.

– Si les politiques de tout poil pouvaient réfléchir non pas au renouvellement de leurs mandats mais au bien de l'humanité, sûr et certain qu'ils s'intéresseraient un peu plus à l'art. Le problème, ce n'est pas que l'art ne rapporte rien, il génère parfois de véritables fortunes, mais c'est que c'est à long terme, très long terme...

Et il était intarissable ! Une vraie viole de l'Estaque.

– Quand les impressionnistes arrivent, ils font scandale. Tu sais qui c'est, les impressionnistes ? Bon. Eh bé, juste avant, c'était le temps des peintres pompiers. J'en aime bien quelques-uns. Par exemple, tu prends Alma-Tadema. Tu sais, celui qui copiait la réalité le plus soigneusement possible et adorait l'Antiquité et aussi le Moyen Âge.

Quand il voulait illustrer son propos, Justin courait en tous sens pour dégoter la reproduction dans un de ses livres, et ainsi l'apprentissage de Gustave était complet. Le doigt tapotait l'image et le cours reprenait.

– Il était célèbre en son temps, ses toiles se vendaient une petite fortune. Et tout d'un coup, peu avant la fin du siècle...

Comédien aussi, il s'arrêtait, index en l'air.

– Tout s'effondre. Et alors...

Il marchait sur la pointe des pieds, mimant un homme qui s'approche en catimini.

– Les impressionnistes se pointent, avec, derrière, les pointillistes, les fauvistes, etc. Mais on oublie trop souvent qu'entre les deux il y avait eu l'invention de la photo ! Et qu'elle faisait double emploi avec le style pompier. Bien qu'à mon goût la photo ne reflète qu'une partie de la réalité et que la peinture pompier en est beaucoup plus proche. Les spécialistes de l'art, genre critiques et tout, n'ont pas fait le rapprochement entre la photo et les peintres pompiers ; la photo n'appartenait pas, et n'appartient toujours pas, au domaine de l'art ! Cela, en fait, explique tout.

Ces auto-engatses que Justin s'infligeait, l'ancien cacou les écoutait de toutes ses oreilles, essayant d'en prendre le maximum, ou plutôt d'en perdre le moins possible. Quand son ami, épuisé par ses discours enflammés se reposait, vautré sur une chaise, Gustave demandait des précisions sur tel ou tel point. Toujours après coup, sinon le curé perdait son fil.

Combien de fois s'arrêtait-il en plein cours pour demander :

– Je parlais de quoi déjà ?

Parfois, Justin s'inquiétait de l'enfermement de son ami.

– Dis-moi Gus, tu n'as pas envie de sortir. Avec cette belle journée, tu ne te baignerais pas un chouia dans une calanque ? À Callelongue, ou aux Catalans ?

Ça, on pouvait dire qu'il avait le nez, le curé ! Quand on était marseillais, dès que le temps le permettait, et il le permettait souvent, il était tout naturel d'aller se trempouiller dans la Méditerranée, se fondre entièrement dans la belle bleue, plonger en faisant de grosses éclaboussures tout autour, pour faire les beaux, un peu de gymnastique et aussi pour se rafraîchir, mais c'était encore une façon d'honorer son corps et Mare nostrum, la mère universelle des peuples latins.

Mais, invariablement, Gustave secouait la tête :

– Non, non. Je ne veux pas sortir.

Il craignait, malgré la soutane et la barbe qui maintenant lui mangeait la figure, d'être reconnu dans la rue. Il n'avait plus peur. Non. Le truc, c'est qu'il avait honte. C'était un sentiment nouveau pour lui et il se l'écoutait avec curiosité. Et puis il laissait tomber. De toute façon, il n'avait pas le temps. Malgré les journées d'été plus longues, il avait toujours l'impression de manquer de temps.

Alors, il ne sortait jamais. Il y avait de nouveau des jolies sardines à Marseille, et aussi des girelles, rascasses, vives, maquereaux, thons, dorades et du loup. Justin avait bricolé un barbecue accroché devant l'œil droit de la Vierge.

– Si un pékin regarde la tête de la statue à la jumelle, il va voir de la fumée lui sortir de l'œil.

– Parle pas de malheur ! S'il voit ça il risque de crier au miracle !

Et c'est l'automne qui se pointa, magnifique. Il n'y avait pas encore de feuilles marron aux arbres, que novembre se profilait déjà à l'horizon. L'été n'arrivait pas à mourir.

Les deux hommes étaient ravitaillés quotidiennement en poissons par un ami de Justin qui portait directement le produit de sa pêche dans la chambre de la cure en échange d'un ex-voto qu'il devait lui peindre dès qu'il aurait le temps. C'est à dire à *l'an qué vin,* certainement, il s'y était engagé.

Antoine, le pêcheur, voulait que Justin représente une aventure qui était arrivée à son grand-père à la fin du siècle dernier. Le capitaine Albert Abeille de Tonnin, grande famille de Marseille, avait fait naufrage au large du cap Hatteras avec son bâtiment, « La Ville de Concarneau », un joli petit paquebot de quatre-vingt-cinq mètres d'une jauge brute de deux mille trois cent trente tonneaux, mis sur cale en 1870 pour le compte de la Compagnie générale transatlantique. Essuyant une tempête d'une rare violence sur l'itinéraire Fort-de-France-New York, le bateau avait pris rapidement une gîte importante qui ne permit de mettre à l'eau que deux embarcations de sauvetage sur huit. Équipage et passagers – en tout quarante personnes – y avaient pris place. Le futur ex-voto devait représenter l'odyssée du premier canot, une baleinière de huit mètres, pointue des deux bouts et rendue soi-disant insubmersible par des caissons étanches.

– Cela faisait presque quatre jours, racontait Antoine, que mon grand-père, ce héros, était à la barre, alternant avec un matelot noir de Côte d'Ivoire appelé Napoléon. L'embarcation filait bien, mais le courant terrible du Gulf Stream les faisait dériver toujours vers le large. Trois passagers et un matelot moururent de froid et d'épuisement. Enfin, au bout d'une semaine, un miracle. Un vrai. Un paquebot américain derrière la crête d'une lame apparut, les sauva de la mort et les déposa, à Glasgow.

Le pêcheur voulait que le curé représente la baleinière avec ses hommes épuisés qui voient le paquebot salvateur arriver. Justin avait fait un dessin rapide et promis la peinture pour la fin de l'année.

Ce jour, Antoine surprit les deux hommes occupés à rentrer une grande toile qui venait de l'évêché pour être restaurée. Le tableau avait morflé des dégâts collatéraux de la guerre, mal protégé dans un hangar ouvert aux quatre vents et à la pluie : il avait chopé des champignons d'humidité.

– Oh ! le capélan, tu es là ?

Le curé sourit, il n'y avait qu'Antoine pour l'appeler ainsi.

– Voueille !

À Marseille et dans la région, pour appeler un curé capélan, il fallait déjà un bon degré de familiarité.

Antoine aperçut Gustave derrière la grande peinture représentant un évêque vénérable et sévère (mais n'en est-il pas toujours ainsi avec les évêques ?). L'homme, gêné d'avoir apostrophé le petit curé, salua l'ancien truand avec plus de déférence.

– Bonjour mon père !

Gustave inclina la tête. Le pêcheur posa son paquet enrobé dans le journal *Rouge Midi* dont on pouvait lire le titre. C'était un journal communiste qui parlait de grève, de grands patrons, de capitalisme. Il prit un peu de recul pour envisager la toile.

– Oh pétard, ça c'est du tableau ! Vous voulez un coup de main pour le faire entrer ?

Justin sourit et secoua la tête.

– Non, ça y est, on n'ira pas plus loin. Celui-là, Gustave va le travailler ici… Bonjour Toine. Je te présente le père Gustave.

Ils se serrèrent la main.

– Il ne parle pas du tout. Un vœu. Tiens, peut-être qu'il pourra faire ton tableau plus rapidement que moi. Il a la main plus sûre, et beaucoup de talent, tu sais. Je vais lui raconter ce que tu veux.

Le pescadou avait envisagé Gustave de dessous ses sourcils noirs comme du charbon et il avait simplement dit :

– Je te fais entièrement confiance.

Justin enchaîna :

– Qu'est-ce que tu nous amènes de bon aujourd'hui ?

– Des rougets.

Un sourire qui en dit long sur les goûts du jeune prêtre illumina sa face.

– Oh pétard !

Antoine et Justin se connaissaient depuis longtemps, ils s'étaient rencontrés dans la jungle, en Guyane. Dans une autre vie. Avec les Noirs marrons. Les Njukas. Des hommes libre, descendant des Noirs qui avaient fuient l'esclavage des hommes blancs. Des hommes blancs, justement, dont ils se méfiaient toujours. Ce n'était pas facile de se faire accepter d'eux.

On offrit l'apéro – ce n'est pas parce qu'on est curé qu'on ne pratique pas les usages –, et les deux hommes égrenèrent leurs souvenirs de l'époque où ils étaient seuls sur le fleuve avec les Indiens, les Noirs, les Brésiliens et les animaux sauvages.

Lorsque le visiteur les avait quittés, Gustave interrogea son ami, curieux. Lui, pour sa part, n'avait pas beaucoup voyagé, mais ce n'était pas qu'il n'en avait pas le goût.

– Un pays magnifique ! Si tu avais vu ça, avec sa sensibilité... Sais-tu que là-bas les singes chantent ?

Son regard se fit absent, il n'était plus là, reparti dans les forêts primaires.

Gus s'installa sur le lit pour entendre la suite de l'histoire. Des singes chanteurs ? Qu'est-ce que c'est que ça ?

– La première fois que je suis arrivé là-haut, en pleine forêt, je m'étais endormi, éreinté par le long voyage en pirogue. Cinq heures tapantes de moteur poussif. Nous étions partis de Mana, petit village du fleuve, au bord des rizières remplies de moustiques et de poissons préhistoriques, des atipas tout noirs aux écailles luisantes. Il était midi. Pas vraiment le meilleur moment pour voyager. Il avait plu la moitié du temps, et avec les fièvres qui commençaient de me ronger, je grelottais ; l'autre moitié du temps, le soleil était brûlant. À peine étions-nous arrivés chez notre hôte, à Baticane, un minuscule village en pleine forêt vierge, situé dans une boucle du fleuve, que sa femme, Anomissie, avait mis en train le repas. Pendant que nous allions poser les filets le long de la mangrove, elle était allée chercher des plantains dans l'abattis, le jardin potager, pour accompagner le gros poisson. Les fruits, des mangues, elle les avait cueillis sur l'arbre au bord du fleuve. Un arbre certainement centenaire qui culminait à plusieurs dizaines de mètres et dont les branches les plus basses tombaient dans l'eau. Nous avions attrapé, ce soir-là, un gros aïmara tout noir, un féroce carnassier. Nous l'avions piégé avec le filet posé en travers d'un petit bras du fleuve. Il s'était bien défendu et il avait fallu l'assommer avec le marteau qui traînait à cet effet dans le fond de la pirogue. La chair de ce poisson est fine, et très appréciée des Noirs marrons. Hum ! Un vrai festin ! Anomissie l'avait préparé en blaff, avec, au fond de l'assiette, une mince couche de galette de couac, du manioc séché et râpé. Je m'étais régalé ! Après la discussion au coin du feu avec « tit rhum » bu entre hommes, au lit !

Enfin, plutôt au hamac !

On se couche tôt pour se lever tôt, en Guyane. Féno m'avait installé dans un carbet construit l'année précédente. Il était fait de quatre piliers de bois qui soutenaient un toit en feuilles tressées pour protéger efficacement contre la pluie. Les carbets fermés étaient réservés à la cuisine, aux entrepôts de matériel agricole et aux produits de l'abattis. J'avais installé mon hamac entre deux montants, et rabattu la moustiquaire. Les insectes vrombrisseurs sont féroces et ont un appétit jamais repu, sur le fleuve. D'où j'étais, je voyais l'eau s'écouler paresseusement le long des berges, entraînant avec elle d'énormes arbres arrachés à la mangrove par sa force et dérivant jusqu'à la mer. Mes pensées les suivirent pendant de longs moments. Quand j'ai fermé les yeux, la nuit était entièrement noire. Seuls quelques points lumineux dansaient tranquillement au-dessus des braises rouges. Je me suis endormi sous la scie lancinante des insectes et le coassement des crapauds-buffles. Ouh-ouuuuuuuh ! J'ai cru que je rêvais.

Pour le cri, Justin avait mis sa main en cornet autour de sa bouche. Au début, Gus fut partagé entre le rire et le sérieux. Mais bientôt, Justin recommença le chant et Gustave frissonna.

– Ouh-ouuuuuuuh ! Un chant venu du plus profond de la terre égrenait sa mélodie douce. J'avais ouvert les yeux, il faisait grand jour ! Pourtant… Ah oui ! C'était la pleine lune, elle éclairait le paysage d'une jolie teinte bleutée, mais ce chant ? Ouh-ouuuuuuh ! De quel opéra était-il tiré ? Et qui nous berçait ainsi, en pleine forêt primaire, de musique classique ? La berceuse montait, descendait. Quelquefois, un soliste entamait un vers, repris en chœur par d'autres chanteurs ; c'était absolument magnifique ! J'avais envie d'applaudir, il y avait du sacré là-dedans ! Je restais éveillé, à écouter ces magnifiques vocalises, une bonne partie de la nuit. Jusqu'à ce que la lune disparaisse et laisse la place à l'aube grise. Alors, je me suis endormi d'un sommeil de plomb. Féno, le lendemain, sourit à ma question. Je voyais bien que la pensée que je n'étais pas très futé passait dans son crâne de Noir marron et qu'il pourrait bien se moquer de moi. Mais il me répondit simplement : “ C'est rien que la complainte des singes hurleurs ! ” Des singes ?

Oui, c'était des singes !

Un long silence suivit ce récit exotique.

Gustave rêva longtemps à cette jungle peuplée par des hommes nus. Et, à partir de cette journée, il regarda Justin d'un autre œil. Avec son histoire étrange, il lui avait subtilement donné le goût de l'ailleurs. L'aventure, il connaissait, il en avait été nourri, mais l'ailleurs, non !

Dorénavant, il y eut, en plus de l'amitié, un profond respect entre eux. Il faut bien dire que le fait que Justin soit curé avait changé le sentiment que Gustave avait pour son ami. Pour lui, avant cette journée, un curé, ce n'était que fornicateur frustré, vrai fadoli du cigare, dévarié, calu, jobastre trop longtemps resté au cagnard qui plombe bien droit et dont la tronche avait ramolli.

Mais comme le curaillon en question était son pote d'enfance, déjà, ce n'était pas tout à fait pareil.

Bien sûr !

Et puis, maintenant, en plus, il y avait la peinture et la façon dont le prêtre l'appréhendait. Sa science, sa connaissance, sa technique… Le partage et l'apprentissage acceptés, désirés même.

Mais Gustave restait méfiant de la religion. Il y avait de l'incompréhension là-dedans. Une incompréhension fondée en grande partie sur le célibat des hommes d'Église. Comment pouvait-on se passer entièrement des femmes ?

Quand Justin lui avait raconté ses voyages, tout avait changé radicalement : il avait recommencé à voir son ami comme avant.

Et aussi… Gustave lui-même avait changé.

Et Marseille, et la France. On voulait reconstruire, on voulait modifier l'esprit des hommes. Il n'y aurait plus de guerre, plus de conflit stupide entre les nations, on croyait de nouveau à l'amitié, à l'équilibre, au prolétariat, au partage, au possible amour entre les humains, à la confiance.

Belle illusion.

Justin insistait pour que son ami s'intéresse au dehors. Mais son désir d'intégrer de nouveau Gustave au monde tombait en général à plat.

– Il paraît qu'il est sorti au Raimu, le tout nouveau film de Tarzan. *Tarzan trouve un fils.* Avec Johnny Weissmuller et Maureen O'Sullivan.

Gustave n'avait aucune envie d'aller voir des films. Ni rien qui puisse ressembler à un quelconque spectacle.

La ville était entièrement mutilée : du pont suspendu, il ne restait qu'une pile, le Panier avait été détruit, il y avait énormément de réfugiés sans logis qui erraient un peu partout, couchant n'importe où. Les épurations sauvages se faisaient plus rares mais on continuait à voir des hommes en armes de temps en temps dans la rue. Restes de fanfaronnade, trompettes de Martigues, résistants de la dernière heure, bouffons marseillais…

Le chef admiré, De Gaulle, lui, n'aimait pas Marseille. Il n'avait que du mépris envers ces jeunes résistants dépenaillés, quelquefois en short et en espadrilles, qui pourtant étaient venus l'acclamer à son passage. Les embrouilles entre les communistes et les socialistes du jeune avocat Gaston Defferre, qui avait annexé l'ancien journal collaborationniste *Le Petit Marseillais,* étaient incessantes.

Un communiste avait été élu maire le 23 décembre 1946. Les choses bougeaient, mais les Marseillais cherchaient les résurgences du passé, comme si rien n'était arrivé, pour que la vie reprenne comme avant.

– Demain soir, c'est Noël. Tu descends à la cure avec moi pour manger.

Justin prévint d'un geste le refus de son ami.

– Ne discute pas. J'ai tout organisé. Tiens-toi bien. J'ai eu du mal, un mal de chien ! Mais Toine s'est débrouillé comme un chef, il est gentil, tu sais ! Donc, pour ce soir si spécial, il y aura au menu… Devine ? Tu vas être surpris mon gars, parce que… hein ! Une bouillabaisse !

Gustave fut éberlué.

– Il a trouvé le saint-pierre, la galinette, le roucao… et des fielas. Au niveau des rascasses, il n'y en avait pas de rouges ni de blanches, uniquement une belle scorpène. Et pour finir, quelques favouilles et même un chambris qui s'était perdu… Mais pas pour tout le monde !

Mmmm ! Gustave en avait la salive en bouche.

– C'est toi qui vas la cuisiner ?

Il y avait du dubitatif dans cette question. Le curé se redressa et espincha le garçon avec défi.

– Qu'est-ce que tu crois ? Ça ne sera pas ma première ! Avant-guerre, j'avais l'habitude de faire à manger ! Forcément, tout seul en forêt ! Oh, je sais que je ne t'égale pas dans ce domaine, mais quand même, quand je m'y mets…

C'était plutôt Gustave qui s'intéressait à la cuisine, depuis qu'il était tout petit. Justin ne pouvait pas dire le contraire, il se souvenait encore des petits oiseaux braconnés dans la forêt. Pour leur première fuite de la maison de correction, le futur cacou leur avait confectionné, avec une ingéniosité démoniaque, un four en argile avec cheminée et porte. Ensuite, il avait plumé les oisillons prélevés sur des pièges de glu. Il y avait des chachas, des rossignols, de minuscules bartavelles, des grives, plus d'autres volatiles multicolores dont il ne connaissait pas le nom. Le jeune garçon les avait ensuite embrochés sur des morceaux ébarbés de branches de romarin. Ils avaient attendu la nuit noire pour lancer dans le fameux four un feu d'enfer avec du bois sec ramassé tout autour. Au bout de deux bonnes heures, le four était cuit, la glaise en séchant avait formé une croûte dure. Gustave avait ouvert la porte pour éjecter presque toute la braise. Il en avait gardé juste un peu au fond. Puis il avait étalé sur la glaise solide les tranches de pain à moitié moisi, volées à la cuisine. Par-dessus, il avait déposé les petits oiseaux plumés et il avait rajouté une minuscule tranche de lard, également prélevé sur les réserves de la maison de correction. La cuisson avait été réellement parfaite, et Justin se souvenait encore, les larmes aux yeux, du festin qu'ils s'étaient ainsi offert aux frais de la princesse.

Un festin qu'il avait bien fallu payer plus tard, quand ils furent dénoncés par l'homme chez qui ils s'étaient cachés. Les gendarmes étaient venus les attraper dans la grange de ce paysan « qui avait la conscience bien tranquille » et qui les avait tout de suite appelés dès qu'il avait repéré les deux orphelins. Cette fois, on les avait enfermés dans le cachot soixante jours et soixante nuits, sans voir personne, avec un quignon de pain et un peu d'eau.

– Ce qui m'a fait tenir, c'est le souvenir des petits oiseaux que tu avais cuisinés, lui avoua Justin.

– Moi, c'est la vengeance ! Mais comment tu la prépares, cette bouillabaisse ? Dis-moi un peu, pour me rassurer.

Il voulait dire par là : quelle était sa recette ? Car il y en a autant que de familles dans la cité et, évidemment, chacun défendait la sienne avec pugnacité.

Le curé prit l'air malin. Il regarda au loin, genre intello.

– J'ai un secret. Une terrible déviance que je tiens d'un ancien chef, Désiré Morard, tu connais ?

– Non. Mais continue, tu disais que toi, un homme de Dieu, tu avais une terrible déviance ?

Ils rirent ensemble.

– Ce cuisinier émérite tenait ce secret de Fouque, un ancêtre provençal, chantre de l'art culinaire, qui avait deux façons bien à lui de lier la soupe odorante. La première consistait à broyer les foies des poissons utilisés et à les incorporer doucettement dans le bouillon.

Bon, ça, Gustave connaissait.

– Ouais, classique, c'est comme ça que je procède quand je veux que la soupe ait un goût un chicoulon fumé…

Le cacou commençait à saliver. Justin reprit :

– C'est forcément délicieux, mais, dans ce cas-là, moi, je mets les darnes colorées de quelques oursins. Ça rajoute au parfum, tu comprends ? L'autre méthode, qui fera hurler les Marseillais, est tout simplement de lier avec du beurre et de la farine !

– Oh ?

La nouveauté estanqua Gustave, comme tous ses coreligionnaires partisans fous de l'huile d'olive. À tel point d'ailleurs qu'il ne se souvenait pas d'avoir jamais acheté un gramme de beurre de sa vie entière.

– Avec du beurre ?

Justin sourit.

– Du bon beurre de Charente-Maritime que, peut-être, le secrétaire de l'évêché, qui a quelques bontés pour moi… à cause des tableaux que je répare… Enfin, il m'a promis. Mais à te dire vrai, du beurre, je ne sais plus comment c'est fait, tellement avec la guerre c'est devenu une denrée fantastique et même fantasmatique… Alors, sans doute fera-t-on la première méthode. Tout simplement avec l'huile d'olive…

Gus la préférait très fortement, mais il ne dit rien. Avec le temps, il avait appris que Justin était têtu comme un âne d'Aubagne. Il suffisait qu'il se mette dans la tête de trouver du beurre dans cette ville, où l'on n'en avait pas vu la pointe d'un couteau depuis quatre ans, pour que ce testard en trouve !

– Bon, on verra bien comment tu t'en sors…

Mais apparemment ce n'était pas la seule chose que Justin avait à lui dire, il restait là à le regarder fixement.

– Qu'est-ce que t'as à me bader comme le ravi de la crèche?

L'homme en noir lui balança un sourire suave.

– Eh bé, l'autre nouvelle, c'est que… avant de faire le gros souper, on ira comme deux bons chrétiens, et comme le veut la tradition, à la messe de minuit.

Gustave ne répondit pas. C'est que, depuis qu'il était là, il n'avait pas mis le nez dehors. Hormis le trajet cure-Bonne Mère, et Bonne Mère-cure. Et il avait un peu peur de se confronter aux gens. Il ne savait pas s'il en serait capable. Justin avait été, à part la sœur asiatique et le pescadou, son seul interlocuteur pendant cette grosse année solitaire. Suivant ses pensées craintives sur son visage, le curé le rassura.

– Tu sais, tu ne ressembles plus du tout au bellâtre que j'ai recueilli une nuit de mistral dans la montée de la Garde. Maintenant, c'est à un vieux loup de mer que tu fais penser. Tiens, j'avais un ami breton…

Un Breton ? Certes, la barbe avait encore poussé et Gustave avait également perdu cette rondeur de nonchalance, ce regard hardi, méprisant, cette façon de poser, de marcher, propre au hommes du milieu marseillais.

Son corps était plus sec. Le gras avait disparu, il ne restait que l'os et le muscle qu'il entretenait en faisant tous les jours une demi-heure de tractions sur les poutrelles qui traversaient la statue de part en part. Son regard aussi était transformé. Il était à la fois plus doux et plus sûr. L'œil fixait droit devant, essayant sans complexe de décoder le monde. Avec, également, si l'on savait la déceler, une interrogation, une fêlure.

Mais un Breton, quand même !

– La messe de minuit de demain soir est importante. Tu sais ce qu'elle signifie pour les Marseillais et les Provençaux. C'est une fête magnifique, et symbolique. Sacrée, bien entendu, mais elle exprime aussi l'importance d'appartenir à une ville, à un peuple ! Bref… Ça me ferait vraiment très plaisir que tu y viennes avec moi.

Justin ne lui avait jamais rien demandé depuis qu'il l'avait sauvé du froid, de la faim, du désespoir. Il lui devait tant. La vie, bien sûr, mais au-delà, un nouveau goût de l'existence. Il irait à sa cérémonie. Malgré toutes ses réticences, il devait bien ce plaisir à son ami. Au fond, qu'est-ce que ça lui coûtait ? Rien.

– D'accord, j'irai à ta foutue messe de minuit.

Justin lui tomba dans les bras.

– Magnifique ! Tu verras, tu ne le regretteras pas.

Gustave avait enfin fini la restauration du tableau pour l'évêché, qui s'en était montré très satisfait. L'évêque avait voulu remercier personnellement l'habile artisan et lui remettre en main propre le salaire qu'il méritait.

Justin avait éludé.

– Ce n'est pas possible. C'est un étudiant, un garçon extrêmement timide. Vous ne ferez que le mettre mal à l'aise. Le mieux c'est que vous me donniez l'argent, je le lui transmettrai avec toutes vos félicitations.

Son éminence avait insisté.

– Pourtant, j'aimerais bien le connaître. Le travail est parfait et il serait intéressant de présenter ce garçon au Saint-Père.

Rome aurait certainement besoin d'un poignet aussi habile.

Ha ! c'était donc pour cette raison. L'évêque voulait récupérer le talent du jeune homme.

Avec un soupir, il avait ajouté :

– L'Église est bien pauvre, toutes les compétences sont les bienvenues.

Justin avait réussi à lui faire abandonner cette mauvaise idée.

– Ce n'est qu'un pauvre homme bien incapable de voyager, et il n'aurait pas la possibilité d'apprendre une langue étrangère… Il mourrait dans un environnement qu'il ne connaît pas !

Gustave, mis au courant, fut tout de même très flatté par les amabilités de l'honnête prince de l'Église. Il était content de la façon maligne, quasi jésuite, dont son ami avait préservé son anonymat et, donc, encore une fois, sa vie.

– En plus, tu crois que j'aimerais ça, être enfermé toute la journée avec des mecs habillés en robe ?

Le curé n'avait pas pensé à ça.

– Heu… je ne sais pas. Moi-même je suis aussi un homme en robe.

– Ce n'est pas pareil, toi, tu es Justin !

Ils étaient si complices à présent que Gustave ne voyait plus l'habit dont était affublé son ami. Le travail en commun, le partage du savoir dans l'amitié avaient fabriqué un ciment incomparable, un pistou d'enfer où la cuiller restait toute droite tanquée dedans !

Pour eux, cette journée de Noël avait été bien remplie dans leur atelier improvisé. Elle était encore consacrée à la peinture. Plus exactement à l'aspect des plis des étoffes, celui des matières, et aux manières particulières de les caractériser par la lumière et la couleur. C'était la vingtième leçon du *Manuel des jeunes artistes*.

Les premiers mots que lui avait dits son professeur lui revenaient en mémoire : « Apprends à regarder. »

Comme cela était juste ; cette vérité lui sautait maintenant aux yeux.

Sa dernière lecture avait montré à Gustave comment reconnaître de façon infaillible si l'outremer dont on voulait faire l'acquisition était ou pas falsifié. Car c'était la couleur la plus chère, et elle était infiniment précieuse. Il fallait déterminer avec certitude si elle était de pur lapis ou si elle avait été mélangée avec des bleus moins précieux, ce qui en augmentait le poids et le volume aux dépens de la qualité ! Bande de voleurs !

Il avait fait l'expérience, comme indiquée, pour prouver l'authenticité de la couleur. En utilisant bien consciencieusement la plaque de verre et l'acide.

Satisfait, il avait constaté qu'il ne s'était pas produit de bouillonnement, signe indéniable de la présence de bleu tiré du cuivre ou de quelque autre élément du règne végétal. Il n'y avait pas eu non plus de particules bleu foncé, signe de mélange de bleu de Prusse ou de cobalt. La couleur s'était réduite en une pauvre cendre grisâtre sans mélange, l'outremer était donc pur.

De peintre, il était devenu chimiste.

Il pensait aux temps anciens où tout cela, les potions, les mixtures, les mélanges, les alliages, les fusions étaient des secrets terribles que les peintres se jalousaient, allant même jusqu'à tuer pour posséder la légende de telle ou telle formule permettant la fabrication de la couleur particulière qui allait distinguer l'artiste dans son monde, et dans son époque.

Toutes ces techniques, ces formules parfois très anciennes, le ravissaient et le plongeaient dans le cœur de sa nouvelle passion, un moteur puissant pour lui, qui le faisait s'évader du Marseille qu'il avait connu. Un monde dur, cruel, où la loi du plus fort était la meilleure. Où il avait appris à avoir raison par la ruse, la feinte, l'artifice, voire à la force de ses poings.

Il travaillait toute la journée d'arrache-pied, et de mémoire, sur l'ébauche du portrait d'un homme qui l'avait extrêmement marqué. Il s'agissait d'un de ces vendeurs de journaux qui, immédiatement après la Libération, avaient ressurgi, comme si la guerre n'était pas passée par-là. Un bossu. On l'entendait toujours avant de le voir, son corps difforme, cassé en deux, souvent caché par la foule. Et puis tout à coup, une voix rocailleuse, étrange, qui portait très loin, crachait :

– Mmm ino ossi or affreusement dans un accident terrrrible ! Mille… et elle… mort !

Vous entendiez ce que vous vouliez. Que Tino Rossi, le chanteur romantique, était mort dans un accident terrible avec cent mille blessés et, horrifié, vous achetiez le journal. Alors, en cherchant sans trouver ces terribles nouvelles, vous vous rendiez compte qu'il n'en était rien, que vous aviez mal compris le langage haché du handicapé.

Une arnaque très au point. L'homme était connu, il grommelait, exprès pour placer son journal, des horreurs qui n'existaient que dans sa tête de vendeur malin. Il était même devenu célèbre dans le milieu de la Bourse, et l'on riait de ses facéties macabres. Le dos orné de son énorme bosse, il posait sur chacun un regard noir surmonté d'une paire impressionnante de sourcils bien fournis. Son œil transbahutait tous les malheurs, toutes les catastrophes imaginables.

Gustave devait arriver à montrer tout cela dans un carré tout petit, le visage de l'homme sur la toile ne couvrait qu'une surface très réduite. Il avait réussi à rendre la façon particulière du bossu d'espincher le monde, ou du moins la façon particulière qu'il avait de le faire croire. Mais il lui fallait abrutir l'ébauche, l'adoucir, pour que les yeux ressortent encore.

L'imprimata, ou prémices de l'ébauche, venait très bien et il lui appliqua un jus à la détrempe dont il fut content. Cette technique opacifiante offrait le triple avantage d'une rapidité de séchage, d'une grande solidité des matières et d'une remarquable fraîcheur des tons. Elle constituait un « dessous » sur lequel il se promettait de passer, après une nuit, un glacis à l'huile qui en exalterait la couleur.

Il faisait assez froid dans la statue en ce mois de décembre. Les deux amis avaient installé un brasero qui leur permettait de travailler toute la journée. Emmitouflés dans des manteaux, leurs visages enfoncés dans les cache-nez, mitaines aux mains et le dos chauffé par la petite sorcière qu'ils avaient réussi à accrocher près de l'escalier, ils peignaient jour après jour, côte à côte. Une autre découverte pour l'ancien cacou de la Martiale qui n'aurait jamais cru que ce serait si facile pour lui de passer une robe de curé ! Et même, il se surprit à trouver ça agréable. La soutane était près du corps mais, autant, elle permettait les gestes amples. De plus, elle était très chaude, alors…

Justin était descendu se coucher depuis un long moment. En fait, il voulait faire un peu de cuisine, un plateau de sucreries pour le lendemain soir. Ça faisait longtemps que son copain n'avait pas mangé de sucre. Noël !

Resté seul de son côté, Gustave sourit en pensant à son ami… Il aurait une sacrée surprise demain quand il lui offrirait son cadeau, préparé en cachette.

– J'espère que je ne me suis pas trompé.

Il voulut revoir encore la peinture qu'il venait de terminer pour le Noël de Justin. Il descendit la crémaillère où il gardait les châssis et les toiles. De derrière, bien planquée, il en sortit une de 24 x 19, emmaillotée délicatement dans un chiffon propre. Il toucha prudemment la surface du bout des doigts.

Ça allait ! La peinture était sèche. Oh ! pas au cœur, non, mais suffisamment pour qu'il n'y ait pas d'accident. Il la leva à hauteur de la lampe à huile posée sur sa table de travail et l'inséra sur le chevalet. Puis il prit du recul pour juger de l'ensemble.

– Pas mal, Gustave !

Il était content de lui. Il avait reproduit une sainte Marie-Madeleine, que son ami aimait particulièrement. Elle était attribuée à Piero della Francesca, un peintre du XVe siècle. Les cheveux défaits étalés sur son manteau ouvert, elle le regardait. Son regard était lourd et charnel. La bouche, bien ourlée, était légèrement méprisante. Il s'en dégageait indéniablement un certain érotisme. La première fois qu'il avait vu la reproduction en couleur du tableau, Gustave avait ressenti un indicible mélange d'ingénuité, un trouble sensuel et un chicoulon de solennité. Un chromatisme très naïf en apparence. Les bleus, les blancs, les verts plongeaient le spectateur dans une atmosphère vaporeuse. Les roses, les lilas, les pourpres pâles l'emplissaient d'une chaleur douce. Comme une esquisse. Elle tenait d'une main un pli de son manteau et de l'autre un bocal en verre. Cette main diaphane lui avait causé bien des tourments. Ornée d'une bague de belle taille, sans doute un rubis, il s'en était vu pour rendre avec honnêteté les longs doigts, les ongles courts et carrés… Cette peinture était, malgré son ancienneté, profondément moderne, un mélange subtil dont il était assez fier de la reproduction.

– Ouais, tu t'en es bien tiré, mon gars !

Il bâilla.

– Ça suffit pour aujourd'hui. On verra ça demain ! Au lit !

Depuis qu'il vivait dans les hauteurs, voisin des corbeaux de mer, il dormait avec le soleil. L'hiver, il allongeait sa nuit. Surtout, il n'avait plus de ces cauchemars affreux, terribles, violents, effroyables qui l'éveillaient, jadis, en mauvaise sueur et le laissaient pendant plusieurs minutes en état de choc.

Il rangea le cadeau et accrocha son hamac. Il installa la couverture piquée, apportée le premier jour, quand il était encore inconscient. Il se mit tout nu. Ça, il l'avait gardé de sa jeunesse. Il n'arrivait toujours pas à s'endormir habillé.

Demain Noël. Il se souvenait des Noëls à l'orphelinat… Sa hargne, sa jalousie quand, au hasard de la vie, il croisait un enfant de bourgeois, bien nourri, qui exhibait le lendemain, après le passage de Papa Noël, les jouets dont lui était privé.

Combien de fois, quand il l'avait pu, les avait-il brisés avec haine, ces joujoux qui n'étaient pas pour lui, pour jouir de la peine de l'autre, de celui dont, au fond, il enviait le doux bonheur d'être tout simplement aimé. Il en voulait à ses parents d'être morts. Il savait bien que cela était injuste, mais il ne pouvait s'empêcher de penser ainsi.

C'est pour ça, pour enterrer cette envie folle, qu'il était devenu ce qu'il était, pour ça qu'il avait commis les actes horribles dont il avait honte aujourd'hui.

Il haussa les épaules, éteignit les lampes à huile qui brûlaient toujours et grimpa dans sa couche.

Il y avait très peu de bruit. À peine percevait-il les moteurs des bateaux de pêcheurs qui, malgré les fêtes, sortaient pour rapporter aux Marseillais le poisson frais. Finalement, il ne faisait pas si froid que ça pour une nuit de décembre. L'air était doux.

En paix avec le monde, Gustave dormit sans rêves.

6

La journée du 24 passa dans la joie.

L'air même semblait être le messager du parfait bien-être qui s'imposait partout. Comme une queue de mistral. Une transparence du ciel exceptionnelle. Un temps magnifique. La mer était plate comme une limande, on voyait très loin. Comme disaient les vieux : « Noël au balcon, Pâques au tison. » Ça rappelait à Gustave une légende que lui avait racontée Justin un soir après le travail. Une légende avec tous les ingrédients pour rêver.

– Tu vois Gus, le Bon Dieu… Ne ris pas, mécréant ! Je disais donc que le Bon Dieu eh bé, quand il a créé la Provence, on y était tellement bien que les gens ne voulaient pas monter au ciel. Ils tchatchaient entre eux, pesant le pour et le contre : « Et pourquoi tu veux qu'on grimpe au paradis, mon beau, alors qu'ici nous avons tout ce qu'il nous faut ? Le soleil qui cogne bien droit sur nos crânes de piafs et nous chauffe le cœur et l'âme, la mer qui nous aime et nous rafraîchit l'été, qui nous porte les sardines, notre pain de la mer, les rochers blancs comme une vierge qui nous rapprochent de Lui, le Bon Dieu ! Et puis les cigales qui bercent nos siestons… Hein ? Pourquoi tu veux qu'on aille ailleurs, à dache, sans savoir même si c'est mieux ? » Alors Dieu, qui n'est pas la moitié d'un couillon, eh bien Il a inventé le mistral et l'a fait descendre tout droit de la montagne en passant sur les sommets, là où les neiges éternelles glacent tout. Ensuite, Il lui a fait prendre la vallée du Rhône, puis Il lui a insufflé un bel élan dans la plaine plate de la Crau, là où Il savait que rien ne l'arrêterait, pour qu'il tombe comme la misère sur le pauvre monde, sur Massilia. Au paradis, il n'y avait pas de mistral. Ça, tout le monde le savait. Le Bon Dieu a fait cette chose énorme, ce vent indescriptible de violence, cet avant-goût de l'enfer pour remettre les Provençaux sur le chemin du ciel.

Gustave avait rigolé de bon cœur.

– Elle est pas trop catholique ton histoire !

Justin, lui, ne rit pas, il resta songeur.

– C'est vrai. Mais elle me plaît quand même.

Gus pensa : « Il l'a inventée ! Eh ouais, c'est comme ça… Il était bien marseillais, va ! Les rois du monde. De ce monde en train de renaître. »

Le deuxième Noël après la fuite des Allemands.

7

Avant-guerre, Gustave s'était retrouvé, par le plus grand des hasards, derrière Carbone et Spirito, les alliés de Simon Sabiani, l'homme politique le plus en vue de Marseille. Ce Corse, héros de la Grande Guerre, avait un œil de verre. Cela troublait énormément le jeune homme qui, du coup, ne savait pas analyser son regard et doutait toujours de ce que le tribun pensait de lui et de la situation. Ainsi, Gustave avait toujours peur de mal faire ou de mal penser. L'homme avait perdu son œil en juin 1915 après avoir dirigé contre l'ennemi plusieurs contre-attaques très courageuses au bois de la Gruerie, en Argonne. Surnommé par les journaux « le Bayard corse », il était décoré de la Légion d'honneur, de la médaille militaire et de la croix de guerre !

Oui, un vrai héros !

Dès l'armistice, il était revenu à Marseille pour y faire de la politique. Et, comme dans les tranchées, il allait devenir en quelques années le meilleur. Son choix se porta à gauche : il adhéra d'abord à la SFIO, puis fonda en 1923 le parti d'action socialiste. Déjà député, il se retrouva maire de la ville à la mort de Siméon Flaissières. En 1936, comme beaucoup de communistes dont il avait été quelque temps le compagnon, il avait opéré un virage fondamental en entrant au bureau politique du parti de Jacques Doriot, le PPF. C'est à cette époque qu'il s'était lié d'amitié avec deux figures du grand banditisme marseillais, Paul Carbone et François Spirito.

Gustave avait été recruté un soir presque sans s'en rendre compte. À la sortie d'un match de boxe de toute évidence truqué, il avait fait le coup de poing aux côtés de ceux qu'il avait crus être les victimes de l'arnaque. Un quiproquo qui avait alimenté par la suite de nombreuses railleries à son encontre. Il les avait bien prises. Il riait avec les rieurs.

En fait, les deux nervis qui dirigeaient le combat ce soir-là avaient remarqué ce jeune homme sympathique, très vif et plutôt costaud, prompt à régler vigoureusement les différends. Ils l'avaient invité à boire un coup et lui avaient immédiatement proposé du travail. Facile et bien rémunéré.

– Mets-toi avec nous ! Tu verras, y a de quoi vivre !

Une fois embauché, le jeune Gustave s'était occupé avec le gang de casser le grand mouvement de lutte entamé par les dockers en grève. Les gangsters en retirèrent de grands avantages, et pas que financiers, de la part des édiles marseillais. Par la suite, la bande de Carbone et Spirito avait partagé Marseille et la région, jusqu'à Aix, en territoires. Chacun avait tout pouvoir sur le sien. Gustave avait hérité d'une vraie pacoule : Allauch. Les consignes des dirigeants étaient assez simples, il suffisait de ratisser les Juifs et d'anéantir, chaque fois que c'était possible, les résistants. Et, par-dessus tout, faire la guerre à ceux du clan Guérini, car c'était eux, en fait, les vrais ennemis. Dans le milieu, ils étaient les seuls à s'être rangés du côté de la Résistance, encore assez inexistante et désorganisée à l'époque. Oui, les Guérini étaient réellement dangereux et il fallait les prendre très au sérieux avec leurs chefs, Antoine et son frère Barthélémy, dit « Mémé », deux Corses originaires de Calenzana.

L'antagonisme entre les deux bandes, la collabo de Carbone et Spirito et la résistante des deux Corses, ne datait pas de la guerre. Depuis 1930, les Guérini s'affrontaient à la droite mafieuse de Carbone et Spirito. À partir de 1936, François, Pascal, Pierre, Lucien, Toussainte et Restitude, bref toute la fratrie, avaient débarqué de l'île de Beauté pour prêter main forte aux frangins et gérer « les affaires de la famille ».

Dans le groupe dont Gustave faisait partie, on savait que les Guérini organisaient des filières pour faire sortir du pays les clandestins, mais cette partie de leurs occupations ne gênait pas. Plus préoccupante était leur l'influence sur la ville... Notamment celle de l'aîné, Antoine, qui approvisionnait les troupes armées en essence, obligeant l'occupant à travailler avec lui malgré son appartenance affichée à la Résistance ! D'un côté, Antoine Guérini aidait les Juifs à se planquer et fournissait des armes aux FTP, de l'autre, il n'y avait que par lui qu'on pouvait trouver du carburant. Du carburant volé à l'armée d'occupation, par ailleurs... En guerre, il fallait savoir être pragmatique ! Et les Allemands l'étaient.

Par contre, le courage et le patriotisme de Mémé étaient incontestables. Dès 1940, il avait choisi le parti de la Résistance en entrant dans le groupe de contre-espionnage du commissaire Blémant, puis en prenant des responsabilités comme officier dans le réseau clandestin Joseph le fou, une branche du réseau Brutus, celui du « dandy blanc », le nom de résistant de Gaston Defferre. L'histoire du jeune voyou pendant la guerre fut émaillée de nombreux faits d'armes. Gustave l'avait vu de ses propres yeux (il était en train de boire dans un bar proche), avec sa bande, attaquer un char d'assaut en plein Marseille ! Et la férocité n'était pas que du côté de la Gestapo ! Mémé n'avait pas hésité une seconde à décapiter un traître qui avait dénoncé des résistants. Et puis, il y avait eu aussi la prise du convoi transportant des Juifs, qu'il avait par la suite fait sortir du pays grâce aux filières classiques.

La bande des Guérini comptait plus de trois cents durs ! Ce n'était pas rien. Au total, alliés à la Résistance locale, ils devaient perpétrer une cinquantaine d'attentats contre l'armée d'occupation et leurs alliés collaborationnistes.

À la même époque, pour Gustave retiré dans sa campagne, il ne se passait pas grand-chose. Bien entendu, il avait fallu donner des Juifs, des réfractaires au STO, des déviants dénoncés par le régime et la population, plus quelques métèques… Il avait obéi parce que ça faisait partie de son boulot en ces temps troublés, mais sans enthousiasme.

Ces gens-là ne lui avaient rien fait. Ce n'était pas sa guerre.

Pourtant, il les avait bien livrés à la Gestapo française, la fameuse Carlingue du 93 de la rue Lauriston à Paris, dont l'annexe marseillaise, une belle villa, avait pignon sur rue. Le chef, Henri Lafont, avait recruté des truands bien pire que lui. Il y avait Pierre Loutrel, dit « Pierrot le fou », Pierre Bonny, ancien policier… et ceux qu'il avait été choisir à Fresnes, les plus durs, les longues peines. Il les avait fait sortir en disant :

– T'es libre… Mais tu m'appelleras patron !

La Gestapo française était née.

Gustave avait rencontré Lafont une première fois vers la fin des années quarante. Ce dernier l'avait choisi comme agent de liaison en Afrique du Nord pour y installer un émetteur clandestin destiné à communiquer des renseignements sensibles aux Allemands. Il cherchait un homme qui ne craigne pas la mer – il fallait voyager en bateau – et qui se débrouille avec les Arabes. C'était le cas de Gustave : à Marseille, on ne peut pas faire autrement. Pour cette mission, le jeune gangster avait fait le voyage en cargo avec une équipe de techniciens. À Alger, ils avaient été donnés… Gustave fut le seul à pouvoir s'échapper !

Encore le hasard.

Le jeune Marseillais était tout simplement allé boire une bière au café quand il avait vu un défilé de véhicules de police qui se rendaient près du phare où son équipe était réfugiée. Il avait immédiatement compris que les carottes étaient cuites et bien cuites, et il avait mis le cap sur le Maroc. Heureusement pour lui, la bande de Carbone et Spirito avait de nombreux complices tout le long de la côte, et il était finalement rentré à Marseille avec un pêcheur qui l'avait pratiquement laissé à la maison. Lafont ne l'avait pas tenu pour responsable de l'échec de la mission car il avait découvert le traître.

La deuxième rencontre, ce fut dans la capitale.

Ceux de la rue Lauriston avaient de gros problèmes avec d'autres bandes parisiennes de gestapistes, la bande des Corses par exemple, dont l'indiscipline et le refus de sujétions mettaient Lafont hors de lui. Il y avait des accrochages journaliers avec la Gestapo de Neuilly, dont Rudy de Mérode et Gédéon Van Houten étaient les chefs. La grande mésentente portait principalement sur le Devisen Schütz Kommando, le détachement pour la mise en sûreté des devises, chargé de la lutte contre le marché noir. En façade… Car la bande Bonny-Lafont détournait systématiquement tout ce qu'elle pouvait, s'introduisant dans les milieux aisés près de ceux qui désiraient faire passer de l'or ou de l'argent en Suisse. Au moment du transfert, les deux gestapistes sortaient leurs cartes de police allemande et négociaient le rachat des biens à des prix largement au dessous de leur valeur.

Et quand il s'agissait de Juifs, c'était tout bénef : l'homme, la femme, toute la famille était envoyée directement dans les camps. Une aubaine !

La bande de Rudy de Mérode avait compris le système et s'était mise à la même combine. Sur leur territoire, la chose était encore plus lucrative. Lafont ne décolérait pas.

– Les fumiers ! Je vais me les faire, ces enculés vont terminer leur carrière à Dachau !

Gustave avait reçu un coup de téléphone :

– Faut que tu viennes, Gus ! Nous avons besoin de tout le monde. Faut qu'on règle son compte à Rudy !

Gustave avait pris le train pour Paris avec des malfrats de Marseille, des collègues. Le voyage avait duré trois jours car le train avait été attaqué à deux reprises par la Résistance. Il avait fini en volant un vélo à une trentaine de bornes de la capitale.

C'était la première fois qu'il montait dans la grande ville et il avait été drôlement ébloui.

Lafont avait fait un petit discours.

– Les gars, il va falloir qu'on se retrousse les manches. Cette fois, les mecs qu'il faut baiser sont pas des enfants de chœur ! C'est des durs de durs de la Légion.

Un guet-apens fut organisé dans la forêt de Neuilly, en pleine nuit. Exactement comme une vraie action militaire : tout fut minuté à la perfection. La police allemande les aidait en cette occasion en fournissant gracieusement les véhicules et les chauffeurs. Lafont embarqua les chefs de groupe dans ses voitures personnelles, une Bentley et une Jaguar. Dans la Jaguar, Gustave se jura qu'un jour il en posséderait une.

Ils parlèrent dans la nuit noire, en fumant des cigarettes et en buvant des coups. Jusqu'à ce qu'une lueur dans les arbres signale l'approche des gars de Rudy.

– Les voilà ! Tous à vos postes !

La bande de Neuilly ne vit rien arriver. Elle se présenta dans trois voitures et, devant le barrage, les hommes furent obligés de freiner puis de s'arrêter.

– Police, veuillez présenter vos papiers.

Ceux de la première voiture rigolèrent.

— Nous sommes de la Gestapo !

Une balle entra dans l'œil du conducteur hilare, qui s'affaissa sur le volant.

Coups de feu pour essayer de se dégager... Mais c'était bien trop tard. Pris en tenaille dans leurs véhicules, les hommes de Rudy ne purent rien faire et, bientôt, les survivants sortirent bras levés. On les fit monter dans les camions direction les camps de la mort. Rudy de Mérode, absent ce soir-là pour cause de grippe, en réchappa. Mais c'en était fini et personne n'entendit plus jamais parler de lui. Lafont récupéra son territoire et, dans les trois véhicules réquisitionnés, trouva de l'or et un million de francs qu'il partagea, grand prince, avec ses hommes. Il les invita ensuite à faire le tour des cabarets de la capitale. Gustave était émerveillé par les frasques du « policier ».

Ils finirent, après avoir bu du champagne plus que de raison au Chabanais, par arriver à quelques-uns au One-Two-Two, rue de Provence, dans le VIIIe arrondissement. C'était l'une des plus luxueuses et illustres maisons closes de la capitale. Lafont, dans son costume de Hauptsturmfürher SS, tomba dans les bras de Fabienne, de son vrai nom Georgette Pélagie, la maîtresse des lieux.

– Henri !

– Fabienne !

– Et tu es venu avec des amis !

Lafont montra les quelques jeunes gens qui l'accompagnaient.

– Ce sont des cacous de Marseille, tu dois les éblouir en leur faisant visiter les merveilles exotiques de ton établissement !

Fabienne portait une robe de soirée d'un grand couturier. Gustave fut impressionné. Elle lui présenta Eva, une grande

Américaine blonde et fortement charpentée, la fille d'un ambassadeur…

– Tu vas lui faire faire « le voyage autour du monde ».

Gus, après avoir suivi la fille quelques pas, lui pinça les fesses en souriant. Ils avaient pratiquement le même âge.

– Dis-moi et arrête ton accent… c'est quoi ton vrai blaze?

Celle-ci rigola, peu bégueule.

– J'm'appelle Ninon, mais les intimes m'appellent Nini… Il paraît que c'est mieux de faire l'Amerloque, ça excite les julots de savoir qu'ils baisent une vraie New-Yorkaise… Mais ne rapporte pas à madame Fabienne que j'te l'ai dit, c'est une vraie peau de vache. Si elle apprend que…

– Ne t'inquiète pas. Alors, raconte-moi, c'est quoi ce fameux voyage autour du monde ?

La jeune femme l'entraîna vers une petite porte qu'elle ouvrit prestement avec une clef qu'elle portait autour du coup. Au bout d'un long couloir étroit entièrement tendu d'étoffes noires, elle fit coulisser un panneau qui glissa sans bruit. Derrière une paroi de verre, dans un décor champêtre éclairé subtilement, une jeune femme vêtue du costume de la Méridionale du XIXe siècle se faisait saillir par un vieil homme habillé en tambourinaire. On pouvait entendre les cigales striduler en cadence pendant que l'homme portait son effort.

– La chambre provençale. J'ai voulu te faire plaisir pour commencer, déclara Eva-Nini. Mais continuons la visite…

La chambre égyptienne, occupée par une figurante au petit nez retroussé « à la parisienne » comme la reine Cléopâtre avait la réputation de posséder ; puis la chambre de torture du Moyen Âge, avec bourreau cagoulé, fouets passés à la ceinture de cuir et, au milieu de la pièce, carcans et chaînes ; la chambre Renaissance avec deux femmes poudrées, en perruque, bavardant devant un thé ; un grenier à foin, avec en bande sonore les grognements des animaux de la ferme, et la « fermière » aux prises avec deux gaillards au pantalon de velours baissé ; une chambre-cabine de transatlantique montée sur vérins, pour imiter le roulis !

Ensuite ce fut la chambre igloo… Brrr ! La Laponne nue pénétrée par un chasseur de phoque dont on voyait encore l'arc sur la fausse banquise. La chambre des supplices était vide. Les yeux de Nini s'assombrirent. Gustave comprit qu'elle avait peur que ce soit son fantasme. Il lui sourit gentiment.

– Viens voir celle-ci, c'est la galerie des glaces ! On ne dirait pas Versailles ?

Il y eut encore la cabine de l'Orient-Express, avec le sifflement et le bruit du train, la chambre du corsaire, avec la fenêtre qui donnait sur une mer peinte, la chambre avec scène de crucifixion, curé et bonne sœur à genoux. Et la chambre romaine.

– Ces lits de *triclinium*, sont pour trois normalement…

– Eh bien, ils ne doivent pas le savoir, ils sont beaucoup plus que ça ! Il n'y en a pas une toute simple ? Tu sais, moi…

Et ils passèrent le reste de la nuit ensemble. Au matin, elle avait disparu et Gustave reprit le train. La jeune femme l'avait troublé. Mais son action contre la bande de Rudy de Mérode, pas du tout. C'était comme une guerre où il était soldat… Mercenaire. Les hommes qu'il avait contribué à envoyer à la mort étaient comme lui. On jouait, on gagnait ou on perdait.

D'autres épisodes qu'il avait vécus l'avaient davantage marqué et même empêché de dormir pendant des semaines…

Par exemple, un jour d'été, il avait assisté au viol et à la torture d'une résistante arrêtée parce qu'elle transportait des tracts appelant à se révolter devant l'occupant. Il avait été écœuré. Manifestement, la jeune femme, une recrue du parti communiste, n'avait rien à dire. Chacun ne connaissait que deux camarades. Quand l'un était pris, immédiatement les deux autres mettaient les bouts pour se réfugier à dache sous une fausse identité. Ils le savaient tous. Mais les gars de la Gestapo avaient continué la torture, pour le plaisir. Les yeux de la jeune femme étaient extraordinaires… Un bleu gris comme il n'en avait jamais vu. Elle l'avait regardé avec étonnement, comme s'il n'était pas à sa place parmi les autres. Un instant, elle avait réussi à pousser son agresseur et avait sauté par la fenêtre ouverte. Elle s'était écrasée en bas. Les tortionnaires avaient ri. Ils avaient ri !

Puis ils avaient installé des barreaux aux fenêtres pour que la chose ne se répète pas.

Oui, cette scène l'avait obligé à se poser des questions. Bien sûr, il était lâche, mais ce n'était pas tout.

Ensuite, il avait revu Lafont, au début de l'année 1944, pour la création de la Légion nord-africaine. Le policier était descendu à Marseille avec son copain et associé Bonny, l'ancien premier flic de France, devenu, lui, Oberstumführer SS, et avec le nationaliste algérien Mohamed el-Maadi, un ancien officier français, membre du mouvement d'extrême droite la Cagoule. Ils étaient là pour recruter des musulmans dans la communauté nord-africaine. Gustave les avait conduits dans tout Marseille, puis les avait emmenés manger une bouillabaisse au Vallon des Auffes. La journée était belle, et l'idée que partout en France les gens souffraient ne l'avait à l'époque pas effleuré.

Pourquoi Gustave avait-il fait ce choix ?

Eh bien, c'était assez simple au fond... Si les hommes du clan Guérini l'avaient distingué les premiers, il aurait plutôt choisi leur camp. Pas par idéologie. Il ne connaissait même pas ce mot. Non, c'était comme ça. Une histoire de boxe… Le destin. Un destin cruel car, il le savait aujourd'hui, c'était la route vers le mal qu'il avait choisie.

Alors… Si Dieu existait, pourquoi ne lui avait-il pas montré avec suffisamment de clarté l'alternative ?

8

– Oh Justin ! Il fait quand même agréable ce matin, non ?

Son collègue, qui travaillait de l'autre côté de la table, regardait pensif le soleil qui entrait à flots dans leur minuscule atelier.

– Ouais, nous allons avoir une sacrée belle journée. Eh bé, je ne sais pas toi, mais moi, aujourd'hui, je me sens… comment dire ? Léger et heureux comme un minot de la Martiale.

Gustave renifla légèrement.

– Tu es un minot de la Martiale ! Mais sinon, ouais… Ouais, je me faisais exactement la même réflexion. C'est étrange. Il y a dans l'air un je-ne-sais-quoi…

– C'est parce que c'est Noël !

Les deux hommes se sourirent et reprirent leur boulot. Justin rajouta simplement :

– Je descendrai plus tôt, tout de suite après le repas de midi, vers deux heures. Il faut te trouver une soutane acceptable pour ce soir. Je veux dire, au moins propre !

C'est vrai que celle que portait Gustave, malgré le grand tablier, était maculée de couleurs. Oui, s'il devait entrer, ou plutôt revenir, dans le monde ce soir, il allait lui falloir encore tricher.

Après le repas léger, Justin se leva et se dirigea vers l'escalier. Au passage, il tapota gentiment l'épaule de son ami.

– Je viendrai te chercher vers dix heures, d'ac ?

Gustave hocha la tête.

– Vers dix heures, ça me va.

Seul, Gustave fut alors envahi par une grande fatigue, ses yeux se brouillèrent. « Oh ! Et qu'est-ce qu'il m'arrive à moi ? Envie d'un petit pénéquet ? » Il s'endormit le sourire aux lèvres, avec ce sentiment propre aux gens qui n'ont aucune culpabilité rapport à la sieste.

Le monde où l'entraînèrent ses rêves était cotonneux. Comme les représentations naïves du paradis, celles où l'on attrape les âmes avec un filet à papillons. Sauf que ce monde se trouvait sous la mer plutôt qu'au ciel. Gustave nageait dans un blanc immaculé, et les poissons qui le croisaient levaient poliment leurs chapeaux ronds, exactement comme les Anglais sortant de la Bourse.

Les huîtres bâillaient d'un ennui profond, les saint-pierre camouflaient avec du fond de teint le doigt du saint homme qui tachait leur robe, les mérous se mettaient du rouge à lèvres, les rougets lissaient leurs moustaches en pointes, les poulpes maquillaient les ongles de leurs nombreux pieds, les hippocampes hennissaient d'énervement, les fiélas se mordaient la queue en un cercle parfait pour permettre à leurs commères murènes de jouer avec ces cerceaux improvisés, les soles se gonflaient d'importance pour ressembler à des sars (elles n'y arrivaient pas vraiment), les poissons exotiques se baladaient avec des parapluies en carton en chantant « Nuits de Chine, nuits câlines », les crevettes rosissaient sous les propos osés des gobis en rut, les girelles improvisaient avec la perfection de leur race (on connaît les habiles malignes) un chant liturgique beau et transcendantal.

C'était Noël !

9

– Gustave !

Il se réveilla brutalement. Le barouf que faisaient les godillots du curé dans l'escalier de fer aurait réveillé un régiment de hussards saouls d'alcool et d'épuisement.

Il faisait pleine nuit. Une timide lune blanchâtre éclairait la chambre d'une pâle lumière. Sorti trop brutalement de son sommeil, Gustave mit une seconde à reconnaître la voix de Justin qui le hélait du milieu de l'escalier.

– Ho Gus ! Je monte.

Il sourit. Oui, Noël. C'est vrai, la bouillabaisse ! La fête… Il sauta joyeusement hors de son hamac, le replia contre la paroi de métal. Puis il alluma la lampe près de sa table. Il entendit le pas du curé, qui apprécia qu'il y ait enfin de la lumière.

– Ah, eh bé j'ai failli me casser la margoulette dans cette obscurité, j'ai pensé que tu avais fait une fugue.

Car de la cure, quand on était observateur et que la lampe à huile était allumée, on percevait juste un petit éclair blanc qui brillait, en haut. Mais il fallait savoir que quelqu'un habitait là et le secret jusqu'à ce jour avait été bien gardé.

– Je dormais, figure-toi. Je ne sais pas ce que j'ai, mais aujourd'hui je ne fais que dormir. Une vraie feignasse !

Le curé rigola.

– Feignasse et feignantas ! J'ai fait exactement comme toi. Tout pareil. C'est bien normal ! Tu hibernes alors que le cagnard tape encore. C'est que l'hiver n'arrive pas à se mettre en route. Notre organisme a du mal à réagir. Tiens, essaie ça !

Il portait, bien plié sur le bras, un vêtement noir, luisant de propreté.

– Je pense qu'elle va t'aller. Elle appartenait à un futur curé qui a disparu de la cure un beau jour.

– Disparu ?

Il hocha la tête.

– Oui. Une drôle histoire...

Et pendant qu'il essayait l'habit ecclésiastique, Justin lui raconta la fuite du petit novice de Notre-Dame-de-la-Garde.

– Un timide. Dès que quelqu'un lui adressait la parole – même quelqu'un de la cure hein ! – il rougissait ma belle... Tiens ! Comme une pomodore ! Il était entré dans les ordres par conviction religieuse, comme nous tous. Un bon chrétien, qui ne loupait aucune messe. Et puis, il y a eu sœur Mathilde...

Il sourit.

– ...Une religieuse qui était rentrée du Vietnam avec sœur Jane. Sœur Mathilde. D'une beauté surréaliste. La jeune Vietnamienne avait posé son regard sur le moinillon. Mais d'une façon tout à fait innocente, hein !

En parlant de la religieuse, la voix de Justin se faisait sucrée, ses yeux regardaient la nuit :

– Une douceur incroyable...

Le petit apprenti curé et la fameuse Mathilde s'étaient croisés au détour des couloirs, ça n'avait pas été long. Ils avaient en commun l'amour de la musique. Ils en écoutaient ensemble, puis ils avaient parlé. Un jour, ils avaient fait une partie d'échecs... en secret. La communauté n'aurait pas compris.

Puis ce qui devait arriver arriva. La passion. D'abord autour de la table, avec les reines, les cavaliers, la nuit entière à jouer tous les deux en écoutant la radio en sourdine. Forcément, à un moment, les fous étaient entrés en jeu sur l'échiquier, et dans leurs cœurs, la folie. Une pièce qui tombe, ils veulent tous les deux la rattraper... Leurs peaux s'étaient touchées. C'était fatal.

– Et puis un jour – tiens, peu avant que tu refasses surface dans la montée de la Garde –, ils ont disparu. Un bateau partait pour les États-Unis qui s'appelait *Le Liberté.*

Gustave n'arrivait pas à saisir si, dans sa voix, il y avait de la colère, de la pitié ou du regret.

– Ça t'a choqué ? L'amour te choque ?

Le curé se tourna vers lui, le regard franc, le sourire lumineux. Ce sourire qui énervait tant Gustave au début et qu'il avait appris à accepter. Maintenant, il savait que c'était un reflet de l'âme, que rien n'était affecté ou déguisé, l'homme de robe en était bien incapable.

– Non, s'ils s'aimaient, ils ont bien fait. Et peut-être ne vas-tu pas me croire, mais je les ai défendus contre notre communauté qui les jugeait. Oui, ils ont eu bien raison d'écouter leur cœur et de se défaire de l'habit. C'était une franciscaine, missionnaire de Marie ! Non ! Il ne faut jamais se forcer. Jamais ! En tout cas, c'est bien mieux comme ça, mieux que s'ils avaient dissimulé ! Ils ont eu du courage. Je regrette toutefois qu'ils ne m'en aient pas parlé. Mais comment auraient-ils pu deviner que je ne tenterais rien pour les empêcher de faire ce que leurs cœurs leur dictaient ?

Gus aurait bien voulu savoir si lui, Justin, avait quelquefois eu des tentations et si la jolie sœur Jane ne l'émouvait pas au fond. Mais il se souvint de la fois où il avait abordé le sujet, de l'amertume, et même de l'agressivité de son ami. Il préféra ne rien lui demander.

– Et alors ? Comment je suis ?

– Fais voir ? Tourne-toi vers moi.

– Tu me prends pour un mannequin ?

Mais il s'exécuta.

– Eh bien, tu vas faire tourner les têtes de toutes nos bigotes, mon gars. Combien de fois ce soir va-t-on me demander d'où tu viens ! Et où tu vis… Et je ne pourrai pas répondre sans mentir ! Le soir de Noël !

– Si tu veux, je ne descends pas.

Justin arrêta vivement le bras de Gustave qui s'apprêtait à retirer la soutane. (Pour être honnête avec un peu de peine, car il se trouvait effectivement très bien dans cet habit et avec l'idée de passer Noël avec son ami.)

– Non, non, il faut que tu sortes un peu. Sinon, tu vas devenir un vrai sauvage. Un ermite. Peut-être même un véritable curaillon, comme moi !

– Parle pas de malheur !

Il prit affectueusement le bras de son ami.

– Alors, allons-y, boulegan !

Gustave ouvrit lui-même la porte.

– Va devant, Justin, je te rejoins. De toute façon, on ne peut pas passer à deux dans l'escalier.

Quelques minutes plus tard, lorsque Gustave rejoignit son ami sur le chemin menant à la cure, celui-ci regarda avec surprise le paquet qu'il tenait sous le bras.

– Qu'est-ce que c'est ?

– Ton cadeau.

Le visage de Justin s'éclaira de plaisir. Il ne dit rien mais ses yeux se remplirent de larmes, il n'avait jamais imaginé que son ami pense à lui faire un cadeau. Simplement, il posa amicalement la main sur l'épaule de Gus et, balalin-balalan, les deux descendirent la côte en devisant. En chemin, ils croisèrent de nombreux chrétiens, curieux, touristes ou simples Marseillais, déterminés comme chaque année à sacrifier à la tradition en allant assister à la messe de minuit dans l'église la plus célèbre de la région.

Gus déposa à tâtons le cadeau dans la chambre que le curé refusa d'allumer.

– Moi aussi j'ai une surprise. Mais c'est pour tout à l'heure, tu ne la verras qu'après la messe.

La foule pour rejoindre la Bonne Mère était maintenant très dense. Ils se faufilèrent dans la nef.

Gustave était assez mal à l'aise de se retrouver dans cette multitude populaire. Justin avait bien raison, on l'observait avec attention. Les femmes, surtout, lui lançaient des regards lourds et curieux. Mais il y avait également leurs parfums musqués, leurs robes courtes malgré l'hiver, laissant voir des jambes bronzées de Méditerranéennes. L'opulence érotique du sexe opposé, qu'il avait oublié, le fit brusquement chanceler.

Le bras qui l'entraîna était ferme et l'empêcha de retourner immédiatement là-haut se réfugier dans la solitude et le froid de son nid d'aigle.

Ce n'était pas la première fois qu'il pénétrait ainsi dans ce temple de la foi, non, il y était venu auparavant avec Justin, mais seuls, quand tout le monde dormait.

Il avait été frappé par la beauté un peu formelle des mosaïques. Sur le sol du chœur, elles représentaient un bouquet de fleurs luxuriantes dans un vase, entourées de trois sortes de roues.

Derrière la Vierge à l'Enfant, tout en argent, une mer déchaînée, titanesque. Avec des vagues qui paraissaient immenses, démesurées. Dessus, un bateau antique à voile latine, avec un safran de chaque côté, naviguait, lui, paisiblement. Sa voile gonflée était décorée par un monogramme : M, comme Marie. En levant la tête, quatre anges chevelus, vêtus d'une tunique, entouraient une boule représentant certainement le monde. Enfin, c'est ce que pensait Gustve, car les interprétations religieuses sont souvent ésotériques et compliquées. Sur fond d'or, des branches extravagantes supportaient des oiseaux étranges. Et, partout, des cartouches représentant soit des paysages, soit des fleurs. Dans l'un, une tour crénelée entourée de palmiers. Dans un autre, un bouquet de fleurs colorées avec l'inscription « Rosa ». Entre les deux, un homme et une femme encadraient le paysage d'une ville moyenâgeuse. Un angelot en pierre, le doigt sur la bouche, incitait au silence absolu. Les ex-voto étaient serrés les uns contre les autres, il n'y avait que très peu de place disponible. Ça faisait un peu marché aux puces. Ici, des bouées d'un autre âge se mêlaient aux décorations, symboles de la foi. Là, des béquilles rappelaient que la vie était quelquefois bien dure. Et puis, inscrit dans le marbre, entre des maquettes de bateaux qui pendaient du plafond, les châsses enfermant les restes vénérables de saints, des casques de 14-18, des médailles de toutes les guerres, une liste infinie de noms prestigieux. Gustave n'en connaissait aucun mais les ducs, les princes, les messieurs de..., les cardinaux et même des Don Pedro de territoires à jamais perdus impressionnèrent l'orphelin.

Ce soir de Noël, des centaines de bougies éclairaient les Marseillais qui venaient en planter encore et encore sur les bougeoirs prévus à cet effet aux pieds des saints et des saintes. Certains, comme s'ils étaient à la mode, avaient du succès, et l'on se pressait. D'autres étaient laissés à leur solitude.

– Pourquoi n'y a-t-il du monde que vers les uns et pas vers les autres?

Le curé haussa les épaules.

– Je ne sais pas, chacun est libre d'aimer qui il veut, non ?

– Moi, si j'étais croyant, c'est d'abord vers les délaissés que mes prières iraient.

– Ah oui, si tu étais croyant…

Gustave ne releva pas le sourire ni le regard malicieux. Ils trouvèrent une place sur le bord de l'allée et s'assirent au signal. Ce fut encore un peu la cohue, les gens s'installaient. Enfin, les orgues commencèrent une musique douce et en même temps un peu solennelle.

Gustave frissonna. « Ça y est, j'ai attrapé la castapiagna ! » pensa-t-il.

Soudain, une ombre passa devant leurs chaises. Une ombre dense qui tremblait en contre-jour. Non, ce n'était pas une maladie exotique et rare qui venait de frapper l'apprenti peintre. C'était plus simple, et beaucoup plus commun.

Gustave, tout à coup, sentit que quelque chose se passait, là, devant ses yeux. Une lumière jaune tombait du plafond et se fixa sur un visage absolument incroyable. Son cœur eut un raté. Il n'entendit plus la musique, il n'écouta pas ce que lui disait Justin, il ne pouvait s'arracher à la contemplation. D'immenses yeux, des pommettes hautes, des lèvres dessinées, parfaites… L'incroyable équilibre de l'improbable distribution du destin.

La jeune femme sourit au curé en lui faisant un petit signe amical.

– Bonjour mon père. Je suis bien contente de vous voir.

La voix rauque et douce à la fois était troublante. Une tessiture fort rare. Le curé avait l'air de bien la connaître.

– Bonjour ma fille.

Évidemment, Gustave tomba immédiatement amoureux. Et donc très jaloux du curé. Qui était-elle ? Qui avait créé cette déesse ? Et, avant toute chose, d'où venait-elle ?

Elle était accompagnée d'une petite fille et d'une femme plus âgée. Le trio trouva des places sur leur droite.

Quand la jeune femme passa devant Gustave et qu'elle le salua d'un léger sourire et d'un mouvement de tête, il tressaillit.

Le profil de la chrétienne était le plus pur qu'il ait jamais vu.

Ensuite, observant sa nuque, ce fut pire que tout. Fine, gracieuse, un miracle d'harmonie, de féminité. Les gestes épanouis, naturels, élégants, mais d'une simplicité remarquable. Il se sentait défaillir.

De la fièvre ?

Non ! Il respirait profondément, mais son cœur battait tout de même beaucoup trop vite. Détournant son attention – ce fut difficile, mais il y arriva enfin –, il regarda une châsse posée en hauteur qui contenait les restes d'un saint. Lui parvenait l'odeur forte des encens brûlant dans tous les coins de la nef, le chant des enfants de chœur, la ferveur populaire. Il avait l'impression de s'être littéralement arraché à sa vision. Mais son regard se porta à nouveau sur la silhouette devant lui et cette fois il ne put plus la quitter. Aimanté, il la voyait discuter avec ses compagnes, rire discrètement, saluer des gens, fantômes qui passaient leur chemin.

Puis la messe commença.

Il le voyait bien, elle était profondément croyante et se concentrait avec dévotion sur le cours de la cérémonie. De temps en temps, elle répondait gentiment à l'enfant ou à la femme à ses côtés avec un sourire magnifique. Elle ne jetait plus de regards en arrière et Gustave s'en félicita. Il ne voulait pas qu'elle le rencontre dans cet habit. Et lui qui pensait être débarrassé de ces chimères, les femmes et les fantasmes sexuels… Il avait crié victoire beaucoup trop tôt !

Mais ce n'était pas le côté sensuel qui troublait Gustave. C'était autre chose, de beaucoup plus fort, quelque chose d'essentiel, de profond.

La lumière, la musique, l'encens, les paroles fortes du prêtre, la foule, tout cela jouait bien sûr, mais, avant tout, c'était de côtoyer le beau, le parfait, pendant plus d'une année qui lui avait ouvert l'âme. Et aujourd'hui, il ne pouvait plus refermer cette porte. Il savait enfin jouir sans barrière de cette particularité qui fait l'homme. Ressentir l'art.

Elle se pencha encore vers la petite fille qui babillait, mit le doigt sur ses lèvres – les veinardes ! – pour la faire taire et lui sourit encore gentiment.

Le cœur de Gustave s'emballa dans sa poitrine, déshabitué à cette émotion forte. Un sourire d'une douceur sans égale, peut-être fallait-il lui attribuer un terme comme angélique, séraphique, céleste, ravissant, innocent, pur…

Miel, oui, du miel.

Malgré tout, en lui restait le mafalou, qu'il n'était peut-être plus mais… Son regard avait inconsciemment quitté le visage.

Une silhouette svelte, les jambes emprisonnées dans une jupe indienne lourde de couleurs et de coton, la taille fine, rehaussée d'une ceinture importante, des talons en bois et, sur la nuque, un chignon pris dans une résille protégeant ses cheveux de jais, que l'on devinait longs, souples, magnifiques. Elle souriait toujours très légèrement. Ses lèvres, ses pommettes lui donnaient un air un peu hautain. Elle devait certainement être d'une famille provençale, il imaginait les mots enjolivés par l'accent du coin. Son teint était mat, de cette texture qui fait la peau soyeuse, lavée au savon de Marseille à l'huile d'olive. Ses yeux étaient vert foncé, autant qu'il avait pu en juger en cette fraction de seconde où elle avait tourné la tête pour saluer Justin. Mais d'un vert très particulier, une étrange couleur qu'il fallait regarder avec attention. Des paillettes vertes rehaussées de jaune clair et de bleu profond… Bien sûr, ça n'avait été qu'un éclair, mais il avait tout vu. Il se sentit faible, sans aucune force, estramassé, escagassé comme jamais, sans voix.

À côté, son ami n'avait rien remarqué. Il communiait, yeux fermés, avec son Dieu, l'Église, la tradition, et surtout avec le

Marseille profond. Celui de la foule, corps du peuple…

À la fin de la messe, la multitude les entraîna au-dehors. La nuit qui les accueillit était magnifique. Noire, profonde, parsemée d'étoiles brillantes, purs diamants…

Mais où était la jeune fille, où était-elle ? Son cœur s'affola.

– Dis-moi, Justin, dis-moi vite, qui est la jeune personne qui t'a salué tout à l'heure ?

Les yeux et la tête encore pleins de la messe, celui-ci atterrissait à peine.

– Quoi ? Qui ? Je ne me souviens pas. Tu n'as pas faim ?

Non, Gustave n'avait plus faim, son cœur était vide, il avait l'impression qu'il n'aurait plus jamais faim. Justin le secoua.

– Ho, qu'est-ce qui t'arrive ? T'as le mouligouli ? Tu sais que j'ai fait un super repas ! T'as intérêt à avoir grand faim ! Moi, je commence à sentir, là…

Il se massait le ventre.

– …Comme un petit creux qui grignote mon cerveau.

Tout à coup, Gustave attrapa la manche de Justin, il venait d'apercevoir, en bas des escaliers, le port hautain, les cheveux dans le filet multicolore, la taille fine… Pas d'erreur !

– Là, là ! Regarde, la femme au chignon. Là, je te dis, mais regarde, bougre d'âne !

Justin, pour faire plaisir à son ami, monta sur la pointe des pieds pour que son regard passe au-dessus de la foule. La jeune femme suivait le flot, accompagnée de la dame aux cheveux gris et de la fillette. Gustave s'inquiéta, car elle était en train de s'enfoncer dans la nuit, et bientôt Justin ne pourrait plus la voir.

– Elle va passer près de la statue du Christ… Là ! Elle est juste à côté !

La jeune femme hésita, répondit à sa compagne, tourna un instant les yeux vers eux et disparut.

Gustave était furieux de l'avoir perdue.

– Trop tard !

Mais le curé eut un sourire moqueur sur les lèvres.

– Trop tard pour quoi ?

– Pour que tu l'aies vu et que tu me dises qui c'est, répondit Gustave, amer.

– Et pourquoi tu veux savoir qui c'est ?

Gus comprit tout à coup qu'il était en train de se foutre de lui, qu'il le faisait marcher.

– Justin, fatche ! Ne me fais pas marronner.

– Bon. Je te le dirai quand toi tu m'auras dit pourquoi tu veux savoir son nom et tout le tintouin.

Il observa un silence amusé qui s'agrandit au fur et à mesure que son ami le gansaillait. Une bigote, outrée, fusilla du regard cet aspirant qui secouait si brutalement la soutane de son curé. Celui-ci, pour rassurer ces ouailles, expliqua :

– Ne vous inquiétez pas, un léger différend sur un point de liturgie. Les jeunes, même hommes de Dieu, vous savez, ils sont tous pareils !

Et en douce :

– Lâche-moi ! Tu vois bien qu'on nous regarde ! Je suis connu, moi, ici…

Il se tourna gentiment vers la vénérable Provençale en costume traditionnel.

– Bonne nuit madame, et excellentes fêtes !

Dès que les regards intrigués de la Marseillaise se posèrent ailleurs, Gustave reprit :

– Écoute, c'est simplement parce que je crois la connaître. Une copine de l'ancien temps…

Soupir dubitatif. Le curé n'était pas crédule, et il en fallait plus pour le couillonner.

– Une copine de l'ancien temps ? Ouais… Tu sais que c'est un péché de mentir, hein ?

Toujours ce sacré sourire satisfait.

– Arrête, Justin !

– Bon, je vais te le dire. Mais ça sera ton petit cadeau, après le repas, quand on offre les présents. C'est vrai ça, c'est Noël tout de même ! Et maintenant, zou ! À table.

Gustave serra les dents. Celui qui n'était encore pas très loin sous le vernis de tranquillité, celui qui avait l'habitude de régler ses problèmes à coups de poing manqua d'exploser.

– Et puis regarde un peu ce panorama ! On ne va pas se disputer sous ce ciel !

La vue magnifique et l'air finaud du curé eurent soudain raison de sa colère et il ne put s'empêcher d'éclater de rire.

– La con de Manon, Justin, t'es un vrai tron de l'er ! D'accord, allons nous régaler avec ta bouillabaisse au beurre. Heureusement que personne ne me verra la déguster, on me mettrait à l'index de l'institut international de la bouillabaisse !

– L'institut de quoi ? Tu te fous de moi, non ?

– Eh oui, couillon, comment veux-tu qu'une telle assemblée existe ?

– On ne sait jamais, à Marseille.

– C'est vrai, t'as raison, dit Gustave en arrêtant de rire.

Bras dessus, bras dessous, les deux compères descendirent jusqu'à la cure.

– Ouaou ! C'est vachement beau !

L'homme de Dieu avait décoré sa chambre avec des bouts de papier de chocolat américain et des bougies multicolores. Ça sentait l'encens, le sucre et, tout à coup, Gus se mit à saliver.

– Viens voir un peu…

Sur la table, un gros tian en terre vernissée était recouvert d'un torchon. D'un geste de prestidigitateur le curé l'enleva.

Une palette de peintre ! Les couleurs éclatèrent, les rouges, les verts foncés, les bruns, les écarlates, les oranges… Oui, la cuisine, souvent, avant même d'être sentie ou dévorée, s'appréciait avec les yeux.

– Comme promis ! Le fiéla, dit le congre à Paris, la galinette, elle, c'est le rouget grondin…

Il prononçait cooonngre… rouuuugé grooonndan. Gus rigolait de ces essais d'accent parisien.

– Le roucao, le verdao, la scorpène, les favouilles, le chambris !

– C'est magnifique !

– J'ai fait précuire les patates et les oignons cet après-midi avec la peau d'orange et le safran, il suffit que je réactive le feu et… Viens voir !

La chambre du curé était au rez-de-chaussée. Ils sortirent. Justin avait préparé un petit canoun en terre, bien protégé de la brise nocturne. Il mit une allumette dedans et les brindilles de pin firent prendre le charbon de bois installé dessus. Puis il posa la casserole, elle aussi en terre, sur le feu, et souleva le couvercle pour montrer la soupe à son ami.

– Viens, maintenant on va faire la rouille avé les oursins.

Quand le poisson fut enfin servi sur une belle tranche de liège brun, comme c'est la tradition, les assiettes de faïence aux armes de la cure pleines de la soupe odorante rehaussée des croûtons aillés sur lesquels ils avaient délicatement posé une cuillerée de rouille orange de safran, eh bien ! il ne resta aux deux hommes qu'à déguster ce fleuron de la cuisine provençale.

Mais avant, ils s'ouvrirent, gourmands, une bonne bouteille de blanc de Cassis, réchappée – Justin ne voulut pas s'en expliquer – du pillage allemand.

– Bon appétit Gustave !

Les verres en cristal tintèrent.

– Toi aussi Justin !

Les rois étaient leurs cousins !

Une bonne heure et demie plus tard, avec d'un côté une pipe et de l'autre une cigarette américaine échangée contre des tomates de l'année conservées religieusement, c'était le terme exact, par sœur Jane, les deux hommes digéraient en discutant doucettement, assis sur le lit du curé.

– Ouf, j'ai le ventre bien rempli, merci petit Jésus !

– Merci surtout à ton pêcheur !

Justin, après avoir débarrassé la table, posa des assiettes avec les treize desserts. Ils y étaient tous ! Les navettes de Saint-Victor, les bigarreaux confits d'Apt ainsi que le cédrat et le melon, les suce-miel d'Allauch, les figues sèches, les noix de Lozère, les noisettes du Mans, les amandes de la Sainte-Baume, le nougat de Montélimar – le noir cassant et le blanc fondant –, et puis les croquants, les oranges ou la mandarine, les calissons d'Aix, le raisin conservé sur le cep dans la cave de la cure et le sec qui venait d'Algérie, les oreillettes (dont chaque famille de Marseille, encore une fois, avait la « vraie » recette), la pâte de coings, le gibassier et la fougasse ou la fameuse pompe à l'huile d'olive, il va sans dire !

Pour ceux qui avaient « fait la guerre », ces sucreries étaient de vrais trésors. Les deux amis, ravis, dégustaient lentement l'une ou l'autre, en prenant leur temps. Peut-être y avait-il là, à ce moment, quelque chose qui touchait au pur bonheur ? Puis Justin s'absenta un moment pendant que Gustave s'engatsait avec un suce-miel, un filet de miel entre deux papiers. Un drôle de casse-tête. Il s'en foutait partout et riait. Un vrai môme ! Quand le curé revint :

– Il ne me reste plus qu'à t'offrir ton cadeau. Tiens, dit-il.

Justin lui tendit un paquet lourd enveloppé d'un papier multicolore et fermé par de jolis rubans.

En retour, il reçut la toile emmaillotée dans le tissu.

– Je n'ai pas trouvé de papier aussi joli que le tien, excuse ! annonça Gustave.

– Qu'est-ce que c'est ?

Les mains de l'habile artiste se démenèrent et bientôt la peinture lui apparut.

– Fatche !

C'était bien la première fois que Gustave le surprenait ainsi, aussi profondément, le souffle coupé. Enfin, Justin arriva péniblement à tourner son regard vers le peintre.

– Gus… La vache ! Là, tu m'as eu…

Il était très ému. Et même, Gus s'en aperçut avec étonnement – il ne croyait pas lui faire plaisir à ce point –, il tremblotait légèrement.

– La sainte Marie-Madeleine de Piero della Francesca ! Ça alors ! C'est épatant !

Il approcha la toile puis l'éloigna, la posa sur le côté, puis sur l'autre…

– Bon dieu ! Quel talent ! Je jurerais que… Oui, je te jure ! On croirait la vraie. Tu es vraiment doué, je n'en crois vraiment pas mes yeux ! À moins que ce soit la vraie que tu as volée ?

Rires. Il la mit dans la lumière, s'en éloigna de nouveau, revint déguster un détail… Il était ravi.

– Tu sais, je l'ai vue, vraiment vue de mes yeux vue ! Ce portrait de sainte Marie-Madeleine est très proche de celui de la *Madonna del Parto,* dans la chapelle du cimetière de Monterchi, qui est, rareté extrême, une Madone enceinte. Une main sur la hanche, une autre sur le ventre, sous un dais ouvert par deux anges un peu paysanas. Superbe ! Mais comment as-tu fait ? J'étais avec toi tous les jours.

Gustave baissa les yeux, modeste et un peu gêné par les louanges.

– J'ai travaillé la nuit. Je dors peu, tu sais… Ça n'a pas été facile, ce sont surtout les mains qui m'ont posé problème. Qu'est-ce que t'en penses, des mains ?

Le curé regarda les détails, puis sourit largement.

– C'est parfait, je te dis ! Je croirais voir l'original ! Mais dis-moi, comment as-tu réalisé cette étoffe ? Je ne pourrais jamais y arriver. Dis-moi tout…

Mais Gustave lui coupa la parole, il savait très bien que s'ils se mettaient à parler technique, ils en avaient pour la nuit.

– Attends, c'est à moi d'ouvrir mon cadeau…

C'était plus compliqué, les rubans et le papier qu'il ne voulait pas déchirer, et Justin qui ne l'aidait pas.

Oh ! L'ancien cacou aussi fut scotché par son présent. C'était une boîte à peinture complète, avec tout ce dont un peintre pouvait avoir besoin. Il n'aurait jamais imaginé…

– Tu sais, c'est la première fois que quelqu'un…

– Tais-toi !

– Non, je tiens à te le dire. C'est la première fois. Oui, tu es le premier à me faire un cadeau.

Ils se regardaient.

– À moi aussi.

Sa voix s'enroua d'émotion.

– Tiens, avant de se coucher, nous allons goûter ensemble de ce garlaban qui a bien cent ans d'âge. Je ne te dirai pas d'où il provient, je n'ai aucune envie d'aller en prison.

Tous deux se regardèrent, sachant qu'ils pensaient la même chose : la prison, méritée au pas, ils connaissaient bien.

L'image de la jeune femme n'avait pas quitté l'esprit de Gustave. Sa nuque, son regard, son sourire, le filet multicolore tenant ses cheveux de soie. Et son corps souple…

– Justin, tu m'as pas dit pour la jeune femme. Tu sais, celle de la messe…

Le curé, un instant, fit semblant de chercher dans ses souvenirs, mais bientôt il sourit, car il n'avait pas le cœur, précisément cette nuit, de le faire trop languir. Il prit tout de même le temps de humer longuement l'alcool, et même d'y tremper des lèvres gourmandes avant de répondre enfin :

– Ah oui ! La jeune femme. Elle s'appelle Pauline Espérandieu. Grande famille marseillaise ! Oui, oui… Elle a quelque chose d'espécial, cette nistonne. Un… truc. N'est-ce pas ?

Dans la tête de Gustave les mots tournaient : Pauline Espérandieu ! Grande famille marseillaise ! Pauline, marseillaise, il ne s'était pas trompé.

Long silence rompu par le curé.

– En fait, je la connais depuis longtemps, comme ça, té !

Il montre à son ami avec sa main une taille qui correspondait à vue de nez à une bonne dizaine d'années.

– Elle a décidé d'ouvrir bientôt un restaurant particulier. Pour ceux qui ont peu de moyens. Tu sais, on croyait que la guerre finie tout irait vite. Mais ce n'est pas le cas, il y a encore beaucoup de gens dans la misère qui ont simplement très faim. Son projet est admirable, nous l'appuyons de toutes nos forces à la cure, et l'Évêché aussi. D'ailleurs, si tu veux, tu pourrais filer un coup de main.

Son cœur s'emballa à nouveau. Il pourrait aider ? Lui ? Être tout à côté d'elle ?

– Pourquoi tu ne ferais pas le cuisinier ? Juste le matin ? Histoire de te sortir. Ça t'aérerait ! Pour l'argent, ce n'est pas un problème.

Les commandes de tableaux qu'il restaurait commençaient à rapporter de jolies sommes que Gustave ne dépensait pas. Dans l'année, il s'était fait une coquette pelote. Il mettait l'argent en vrac dans un vieux ciboire cabossé qui traînait sur le sol. Il n'avait, jusqu'à ce jour, jamais pioché dedans.

Oui, oui, oui ! Il le désirait ardemment, mais ne voulut pas le montrer.

– J'ai pas besoin d'être aéré.

– Mouais, tu parles ! Tu pues la térébenthine, le vernis… et le vieux célibataire endurci !

Dans la nuit magique de ce Noël, Gustave s'entendit répondre, malgré lui :

– Ceci étant dit, c'est vrai que rendre service, ça me changerait. J'ai été un drôle de mec. Qui n'avait jamais vraiment travaillé, et maintenant… je suis devenu un stakhanoviste. Alors, aujourd'hui, je pourrais essayer de voir ce que ça fait d'être un bon samaritain. Au moins pour démarrer son affaire… Mais je ne veux pas que ça empiète sur mon travail ici, hein ?

Justin n'était pas dupe, mais alors pas du tout ! Mais il ne le montra pas.

– Oui, bien sûr mon ami…

Bien sûr, juste pour démarrer.

10

Pauline !

Quel joli prénom.

Justin avait, dans son fatras, un vieux livre qui donnait, en fonction des prénoms, le caractère et la psychologie de la personne qui le portait. Et Pauline n'en manquait pas, de caractère. Immédiatement, Gustave avait consulté le grimoire. Les Pauline, d'après le savant ouvrage, étaient émotives et un peu timides. On en déduisait souvent qu'elles étaient hautaines.

Gustave n'en avait jamais connues auparavant.

Pauline.

Décidément, ça lui plaisait.

Féminin, mais pas cucul la praline. Bien sûr, il y avait son côté catholique, croyante, ça aussi c'était nouveau pour lui. Et plus compliqué, pour sûr !

Le local que la jeune femme avait loué pour en faire son restaurant était situé dans un quartier populaire de Marseille, la Plaine. Un immense plateau où, au Moyen Âge, les croisés se donnaient rendez-vous avant d'embarquer pour l'aventure de la Palestine et de la reconquête. Plus exactement, la demoiselle avait l'intention d'ouvrir son établissement au sud-ouest de la place, exactement au cours Julien. Le ventre de Marseille.

En effet, c'était là que se tenait depuis plus de quatre-vingts ans le marché central de fruits et légumes. Les grossistes y avaient leurs entrepôts, leurs chambres froides et des mûrisseries de bananes, mais les ménagères pouvaient quand même y faire leurs courses au détail.

Il y avait de nouveau un peu de tout dans Marseille. Un peu de viande, un peu de sucre… des poissons, ça ! Des fruits et légumes. C'était le meilleur quartier pour l'approvisionnement.

Doucement la ville recommençait à vivre. Mais la Libération n'était pas l'abondance, et la cité phocéenne restait encore le pays des assiettes pleines de regardelles.

Il était tôt, le soleil n'était pas encore là. Gus était descendu dans la chambre de Justin.

– Du vrai café ! annonça fièrement le curé.

Cela faisait plusieurs semaines que le cacou repenti tannait son ami pour qu'il lui présente mademoiselle Espérandieu, et lui ne se préoccupait que du breuvage noir dont il avait tant souffert de l'absence !

– Mmm !

– Oui, mais Pauline ?

Avec l'index et le majeur, Justin mima la jeune femme grimpant et encore grimpant la colline.

– Il faut qu'elle monte jusqu'ici. Ne t'inquiète pas, c'est une bonne chrétienne, elle vient régulièrement se confesser. Quand elle sera là, je lui dirai que j'ai pour elle un bon chrétien et bon cuisinier qui voudrait bien travailler pour la communauté et pour pas trop cher.

Que ça avait été long !

Pendant tout un mois, pour ne pas penser à Pauline, Gus s'était entièrement plongé dans la peinture. Immergé dans les couleurs, les formes, les aplats, les reliefs. Mais, quelquefois, il ne pouvait s'empêcher, au moment de mettre une teinte, de se rappeler la chair délicate de son cou ou le vert de ses yeux. Alors il sursautait, puis souriait. Son bossu avançait pas trop mal. De temps en temps, il donnait un coup de main à Justin pour les ex-voto.

Gustave avait aussi travaillé sur une toile abîmée. Un tableau de vingt centimètres sur vingt-six d'un petit maître provençal qui vivait dans la région vers 1850. Une inscription manuscrite sur un papier collé indiquait que le 5 mai 1873 à six heures du soir, le docteur Audibert en compagnie d'une dame, sa voisine, se rendait en voiture de La Nouvelle-Orléans à sa résidence de Carrolltown, État de la Louisiane, quand un orage épouvantable les surprit sur la grande route coquillée. La foudre fracassa la voiture, mais grâce à l'intervention de la Vierge, les deux voyageurs furent épargnés.

– Au fait, Justin, je ne t'ai jamais demandé. Il y en a combien de ces témoignages de protection miraculeuse, d'interventions divines, de coups d'éclair exceptionnels ? Je veux dire, ici, à la Bonne Mère ? Parce que… nous devons être sous influence, non ?

Le curé prit un air scandalisé. Il n'aimait pas ces manifestations soi-disant miraculeuses.

– Nada ! Il n'y a jamais eu de miracle sur cette colline. À l'origine, aucun phénomène d'ordre surnaturel ni rien de ce genre-là…

– C'est surtout les ex-voto qui m'intéressent ! Combien y en a-t-il réellement ?

Justin avait horreur d'être interrompu comme ça, en plein discours.

– Bon, les ex-voto, j'y viens. Presque cent cinquante peintures, des aquarelles, des panneaux décoratifs, des gravures. Après, il y a les maquettes, avions et bateaux. En tout, plus de sept cents.

– Sept cents ! Fatche !

Ça en faisait du travail en perspective ! Heureusement qu'ils n'étaient pas tous en si piteux état ! Enfin, sur le tableau une fois nettoyé, il avait passé un nouveau vernis dont il avait, sur les conseils de Justin, trouvé la recette dans un petit livre vénérable. Le « vernis admirable » ! Rien que le nom faisait protection.

« Prenez huile de lin, huile de mastic blanc, ce que vous voulez de l'un et de l'autre, un peu de térébenthine, du verre pilé broyé, du vert-de-gris brûlé, de l'ambre bien battu : faites bouillir et fondre le tout ensemble dans un pot de terre neuf et étant fondu vous aurez le vernis admirable. »

Nos deux amis travaillaient donc, toujours de concert, liés par les odeurs caractéristiques du métier. Et puis un jour, l'homme en noir était monté à l'atelier un sourire jusqu'aux oreilles.

– Qu'est-ce qu'il y a, hein ? Quand tu arbores ainsi ce sourire, je sais que je dois m'attendre à une nouvelle peu ordinaire. Bonne ou mauvaise ?

Le curé leva deux doigts en signe de victoire.

– Ça y est, tu as rendez-vous avec la belle mademoiselle Espérandieu.

Le cœur de Gustave tout à coup se mit à battre plus fort. Il dut s'appuyer contre le dossier de sa chaise. « Putain, je deviens un véritable jobastre ! »

– Quand ? Le rendez-vous est pour quand ?

– Tout à l'heure. Je l'ai rencontrée tandis qu'elle descendait en ville. Et justement elle cherche toujours un cuisinier… Chance, non ? Je me suis engagé formellement à t'amener au local.

Et voilà, ainsi, tout était dit. Il allait enfin la revoir, avec sa peau au grain fin comme farine, étrange, car le cagnard qui plombait la cité épargnait rarement le teint.

– Nous descendrons par l'ascenseur de la Garde.

Il s'agissait d'un funiculaire, un chemin de fer à crémaillère métallique suspendue à des câbles d'acier. Une cabine montait et une autre descendait grâce à un système de balance à eau. Chacune était pourvue sous le parquet d'une réserve conséquente de liquide. Il fallait remplir celle du haut avec une pompe. Alors, les chauffeurs, après un coup de sonnette, prévenaient du départ et lâchaient les freins. La cabine du haut, plus lourde que celle du bas, commençait à descendre. À la fin de l'opération, on vidait tout simplement l'eau qui sortait avec de grands pschhhiiiii. Ainsi, comme dans un coït magistral, les cabines continuaient leurs voyages d'année en année, sans fatiguer, jamais. Et sans s'user. Les grincements de la crémaillère et le grondement inquiétant des roues de fer accompagnaient le touriste curieux jusqu'aux portes du ciel. L'impression était unique, impressionnante, et on venait du monde entier pour ce voyage dans les hauteurs. On s'élevait harmonieusement en découvrant au fur et à mesure le panorama marseillais qui, d'en haut, valait le coup d'œil. Le funiculaire avait été inauguré quelque cinquante ans plus tôt et avait déjà transporté des millions et des millions de passagers.

– Elle cherche un cuisinier, mais elle sait que je ne suis pas… ?

– Tu verras bien. Et puis, je ne suis pas sûr qu'elle ait réellement le choix. Elle ne peut pas être trop regardante sur l'ouvrier qui prendra ce poste parce que l'argent, le nerf de la guerre, manque cruellement. Alors, allons-y donc !

Gus attrapa soudain le bras du prêtre.

– Justin, trouve-moi des vêtements civils… S'il te plaît.

Le curé sourit et hocha la tête en se grattant pensivement le menton. Il ne dit rien de ses pensées mais conseilla simplement à son ami de se raser.

– C'est une personne qui n'a pas l'habitude des forbans comme toi. Les pirates barbus ne sont pas son quotidien.

Dans la minute, Gus se taillait déjà la barbe, laissant un centimètre de poils sur son menton et ses joues. Il craignait toujours qu'on le reconnaisse. Mais dans la glace, ce fut un autre homme qui apparut. Il n'avait pas de couleur sur la peau, blanc comme un cachet d'aspirine. Un vrai estranger du Nord !

Ses cheveux, laissés à l'abri du soleil, avaient regagné le blond foncé tirant sur le roux, un blond vénitien. C'est vrai qu'il faisait pas trop d'ici. Tant mieux, il passerait mieux inaperçu !

Une heure plus tard, Justin était de retour avec des vêtements civils. Un pantalon foncé, une chemise grise, un pull-over et un manteau à carreaux un peu dépassé mais d'assez bonne facture. Tout cela sentait fort la naphtaline, le propre. Gustave subodora qu'il s'agissait des affaires du religieux du temps où il n'était pas encore entré dans les ordres. Il ne fit aucun commentaire. Celui-ci, en le regardant s'habiller, avait un sourire satisfait.

En attendant de prendre le funiculaire pour descendre en ville, ils observèrent le gros bâtiment de la Garde.

– C'est marrant. Tu ne trouves pas, Justin, qu'elle a quelque chose de la Major !

Il parlait de la nouvelle cathédrale près de la Joliette, au bord de l'eau. Un gros gâteau baroque, avec des tranches de pistache et de rose. Assez majestueuse.

– Ouais, c'est de l'éclectisme ! Un nouveau mouvement architectural romantique qui vient d'un certain rationalisme… Pour dire qu'on veut faire solide et luxueux.

– Moi, j'aime bien, on dirait une grosse glace napolitaine ! Les pierres ne viennent pas d'ici, tout de même ?

Le curé secoua la tête.

– Pas très loin. C'est du calcaire de Calissanne. Par contre, le vert-bleu utilisé pour les soubassements, c'est de la pierre de

Florence. L'ocre, c'est du granit. C'est un Nîmois qui l'a conçue. Jacques Henri Espérandieu.

– Tiens ! Le même nom que Pauline. C'est un parent ?

– Je crois pas. Tu pourras toujours lui demander. En tout cas, c'était un grand architecte…

Justin eut une moue.

– Mais il s'est inspiré largement de son maître, Léon Vaudoyer. Ça n'a pas été facile pour lui, il a fallu qu'il lutte contre une véritable cabale qui prétendait qu'il construisait une énorme locomotive. C'est vrai que, vue d'ici… on dirait vraiment qu'elle va siffler !

Les deux hommes empruntèrent la passerelle de cent mètres construite par monsieur Eiffel, spectaculaire les jours de mistral car l'ingénieur n'avait pas prévu de protection au vent. Les jupes des curés et des nonnettes se soulevaient avec sacrilège. Peut-être le zef était-il un sacripant canaille, un voyou de la pire espèce qui s'amusait à scandaliser les vierges et à faire rire les femmes légères ? Gustave se rappela les communions solennelles quand les enfants de chœur en procession et le clergé l'empruntaient, cierges à la main pour aller communier à la Vierge de la Garde. Les filles, en robes immaculées, le front orné de roses ; les garçons, brassard au bras, et tous à jeun. Non, on ne rigolait pas avec la religion ! Il se souvenait bien quand le mistral décidait de ruiner la cérémonie. C'était à qui verrait le premier une culotte de bonne sœur !

Ils montèrent, payant les quarante centimes du voyage.

La ville, du côté d'Aubagne, leur apparut, avec au fond la chaîne de montagnes.

Le funiculaire démarra et, deux minutes plus tard exactement, quatre-vingt-quatre mètres plus bas, la cabine les déposa dans une petite gare de style rococo oriental avec coupole et colonnes, en plein milieu de la rue Dragon.

Malgré le froid qui les transperçait comme une épée de glace, la traversée de Marseille fut très agréable. Gus retrouvait sa belle cité. Elle lui paraissait plus grande, plus généreuse encore... Et en même temps petite, racoleuse, sale ! Ses sentiments se mélangeaient.

– On dirait que je suis parti depuis des dizaines d'années, je me demande même si je comprends encore le marseillais.

– T'inquiète pas, ça, on l'oublie jamais.

Ils descendirent la longue rue Paradis avant d'obliquer pour prendre la jolie passerelle en métal qui enjambait le cours Lieutaud. À peine arrivés en haut, sur le cours Julien, ils furent pris par l'activité de la fin du marché. Ça bougeait dans tous les coins à la fois. Une espèce de frénésie hystérique.

– On dirait qu'ils ont hâte de boire leur jaune !

Ceux qui s'agitaient le plus, c'était les jeunes cantonniers envoyés par la mairie pour le nettoyage de la place après le travail des commerçants. Ils balayaient avec vigueur des monceaux de paille, de papiers, de fruits, de légumes abîmés. Ils se mettaient à plusieurs pour pousser ardemment les tas jusqu'à la carriole de bordilles. Pendant ce temps, les grossistes rangeaient leurs étals sur des charrettes ornées de parasols, les cageots bien empilés les uns sur les autres, la balance romaine, les papiers dans lesquels on enveloppait les fruits et les légumes proposés par d'accortes marchandes. Celles-ci essayaient encore de vendre quelques denrées aux derniers clients qui traînaient.

– Ho ! mon beau ! Les derniers artichauts, pour les finir, je les donne ! Je les donne gratuit ! Presque ! Je les donne pour presque rien ! Tiens, toi le beau blond, là, avec l'air canaille. Oui, toi ! avé le curaillon, tu me fais un bisou et je te donne la caisse avec !

Toute la rue éclata de gros rires devant l'air gêné des deux promeneurs qui finirent par en faire autant. Installée à côté de l'église Notre-Dame-du-Mont, la vendeuse de jujubes, une spécialité de Marseille. Justin, gourmand, en acheta un gros cornet qu'il partagea avec son ami. Le goût âpre des fruits fit remonter dans la mémoire des deux hommes de vieux souvenirs.

Autour d'eux, le charroi continuait de plus belle. Les carrioles prêtes à ranger dans les box étaient emmenées prestement par des hommes habiles et forts. La pente était très raide et, une fois le véhicule chargé, il fallait toute l'expérience et la virilité des chauffeurs pour les manœuvrer et les freiner en se hissant entièrement sur les bras de bois. Les cris de la ville émaillaient l'espace de mille clameurs : la trompette d'argent du vendeur de brousse du Rove, les appels du vitrier, le chanteur de rue qui vendait ses chansons du mois, le marchand de boutons, le réparateur de faïence, le rémouleur, le coupeur de poils de chien, le vendeur d'élastiques, la vendeuse de mouna, ce gâteau arabe où le chocolat est roi…

Sur la droite de la place Notre-Dame-du-Mont, une rangée de platanes centenaires abritait, l'été, les promeneurs du cagnard. Un cagnard sans pitié qui plombait la ville. C'est là, sous ces arbres, que Pauline avait décidé d'ouvrir son petit restaurant.

– Bonjour messieurs !

Gustave ne fut pas déçu. Fatche ! Les yeux, le sourire, la nuque, les cheveux, tout y était, comme dans ses rêves.

Elle les attendait devant la devanture du futur restaurant, un ancien atelier de confection. On voyait encore écrit, en lettres capitales sur le store en métal : « Les manteaux Mistral, faits pour durer ».

– Vous allez comment ? Bien ?

La formule était banale, mais le regard… La poignée de main franche, fraîche, sans ostentation ne déçut pas Gustave.

– Mon cousin… C'est mon cousin Gustave. Par ma mère, vous voyez.

Ils avaient convenu que c'était le mieux, un cousin. Flou.

Pauline était vêtue d'un élégant manteau de mouton doré rehaussé aux épaules. Elle portait des talons hauts, bourgeois.

En tout cas, elle avait un charme incroyable, il ne s'était pas trompé.

« Cette girelle royale me rend fou. »

Il fit attention de ne rien mettre dans son regard qui soit de nature à l'effrayer un tant soi peu, un regard où rien ne filtrait. Justin était très, très bien, très comme il faut.

– Alors, c'est ici, dans ce quartier, que vous voulez monter votre établissement ?

Elle opina en observant la façade vieille et crasseuse.

– Oui. J'ai reçu de diverses œuvres des subsides permettant largement de le faire. Le loyer est très bas et, j'en suis absolument certaine, il le restera. J'ai la promesse solennelle du propriétaire, une personne de confiance.

Mais avant tout, elle devait faire des travaux. Cuisine, avec l'eau, l'électricité, la salle, sols, murs, plâtre, peinture…

Et soudain, ça y est, elle ne regarda directement plus que lui. Des yeux malicieux, bienveillants, gais.

– Et justement, votre cousin ici présent…

Justin inclina le buste.

– … m'a dit que vous en aviez monté un, de restau. En Afrique noire. Au Dahomey. C'est bien ça ?

Sous le mensonge, Gustave se sentit rougir. Puis rit intérieurement. N'est-ce pas un péché mortel, le mensonge ? Il se promit de morigéner le curé imaginatif. Au Dahomey !

– Monté, monté, Justin a exagéré. J'ai aidé, par des conseils…

Pauline l'interrompit, très enthousiaste.

– Justement ! Il me faut des conseils, c'est ça dont j'ai le plus besoin. Vous allez voir par vous-même, c'est surtout pour la cuisine, parce que, pour le reste, la déco et tout, c'est mon métier, vous savez.

« Un métier d'homme ? »

– Vous êtes décorateur ?

– Non, décoratrice. Le féminin peut s'employer…

Sourire modeste.

– … J'ai suivi une école en Amérique du Nord. Mes parents ont réussi à nous faire fuir le pays avant que ne s'abatte le fascisme. Nous sommes d'origine juive. Bien que mon nom, Espérandieu, ne le montre pas.

Gustave baissa la tête. Il repensa à son rôle à la fin de la guerre.

– Mademoiselle, je…

Elle attendait, patiente. Mais ne voyant rien venir :

– Pauline, c'est mon prénom. Mes grands-parents habitaient rue Pauline, c'est pour ça. D'ailleurs, elle a changé de nom aujourd'hui, cette rue. Elle s'appelle Jean-François-Leca. Elle s'appelait rue Pauline car elle allait jusqu'au monastère de Sainte-Pauline, qui lui aussi n'existe plus.

Pendant qu'elle babillait, l'esprit de Gus se bloquait. S'il n'avait jamais dénoncé de Juifs – jamais ! –, il avait aidé aux arrestations. Pas lui, mais ceux de sa bande, qui s'en étaient d'ailleurs bêtement vantés. Pour la première fois de sa vie, il eut vraiment, profondément, honte.

Mais la jeune femme ne laissa pas ses pensées suivre leur sinistre cours, elle entraîna les deux hommes dans l'ancien atelier. Elle ouvrit le rideau métallique, qui monta avec des bruits de ferraille absolument horribles, et leur expliqua comment elle allait le transformer en un coin agréable.

– Vous comprenez, ce n'est pas parce que ce restaurant sera pour les pauvres qu'il doit être triste. Non, non et non ! Je veux que l'hiver le soleil entre comme s'il était chez lui et qu'il arrose de toute sa lumière jaune les murs, les sols, les gens. Nous avons vu ces dernières années trop de gris et de noir, à nous les couleurs chaudes qui sont celles de notre belle région !

Justin éclata de rire et applaudit à tant de tchatche volubile. Son « cousin » le suivit.

– Quel bel enthousiasme !

Elle rosit légèrement.

– Je crois à ce projet, monsieur.

Et elle décocha un regard directement au fond des yeux de Gustave, qui vacilla sous le choc. On ne l'avait jamais regardé avec cette intensité, avec cette force.

– Vous allez m'aider, Gustave ?

Il ne put pas répondre, sa gorge entièrement sèche. Il opina bêtement. Enfin, après avoir difficilement avalé sa salive, il réussit à articuler avec conviction :

– De tout mon possible, oui !

Il avait mis dans sa réponse une force bien peu adéquate. Mais c'est que la question et le regard l'avaient surpris, il avait failli répondre que, pour elle, il était capable de repeindre la Vierge du bout de sa couronne jusqu'aux pieds. Ou de soulever la peau de la mer, d'aller lui chercher à l'autre bout du monde les joyaux dont elle rêvait, d'apprendre la musique pour jouer tous les soirs avant qu'elle ne ferme les yeux, de soigner tous les malades du monde et aussi de partager son manteau avec les miséreux, de se convertir aux religions païennes... Tout, tout, il était prêt à tout !

Scotchés, le curé et elle le regardaient. Il tempéra un peu :

– Je veux dire que... euh... oui. Je veux bien vous aider, bien sûr, bien entendu, pour la cuisine et le reste. J'ai pas mal de temps de libre et je pourrai vous donner quelques heures de ma journée. Le matin, par exemple, je viendrai pour faire le repas et, l'après-midi, je remonterai à la Bonne

Mère pour continuer mes travaux de peinture.

– Vous êtes peintre ?

Justin le tira de ce mauvais pas.

– Oui, tout à fait. Peintre ! Artiste peintre ! Il faudrait, mon petit, que je vous montre de quoi ce grand gaillard est capable avec une paire de pinceaux, un peu de couleur et une toile.

Le regard de la belle avait changé, elle le considérait différemment.

– Artiste peintre ! Et vous êtes sûr que le métier de cuisinier… ?

– Tout à fait, j'adore ça !

Elle se ressaisit tout à coup.

– Bon ! Dites-moi un peu, vous qui vous y connaissez, comment faudrait-il organiser la cuisine. Pour l'eau, les tuyaux, l'écoulement, tout ça ? Est-ce que le dessin que j'ai fait, regardez…

La voilà en train d'étaler plans, esquisses diverses et variées, et tous les deux refaisaient le monde, plus prosaïquement ils aménageaient un restaurant pendant que Justin caressait son menton en méditant.

Gustave, ravi, se prenait au jeu. Et pas que pour les beaux yeux de sa vive patronne. Tout gamin, il était déjà intéressé par le noble art de la cuisine. Chez lui, petit, c'est lui qui était chargé d'aider la cuisinière pour le repas du soir. Une femme réellement extraordinaire. Petite, boulotte, les cheveux invariablement tirés dans un chignon très serré sur le haut du crâne, un sourire quasi permanent sur le visage et très active malgré son grand âge. Il l'adorait et elle le lui rendait bien.

Hélas, la vie les avait séparés.

Il revoyait encore son sourire si doux :

– Tu sais Gus, pour voir si un poisson est frais, c'est facile ! Tu espinches les ouïes. Tu vois, là ? Elles doivent toujours être bien rouge sang, et l'œil transparent, et le corps raide, et il ne doit pas sentir trop fort, ce poisson. Même l'anchois, entention hein !

Il se souvenait des journées passées à la regarder pétrir patiemment la pâte pour le pain, avec ses gestes ancestraux. Oui, une femme qui donnait tout. Car la cuisine, ça aussi elle le lui avait appris, était un don. Elle lui avait expliqué le travail, l'amour, la patience, et surtout le plaisir. Toutes choses sans quoi la vie ne serait pas autant agréable.

– Excusez-moi. Je pensais à… Rien, au passé. Oui, pour les prises de courant, voyons voir ça !

Il réfléchit un moment. Il faudrait que la cuisine soit placée tout près de la fenêtre. Ainsi, l'été, les cuisiniers pourraient sentir un peu la fraîcheur de l'air marin qui montait jusqu'ici. Malgré la grande hotte que Gustave préconisait, qu'il exigeait même, ça ne ferait pas de mal d'avoir de l'air. Là, la chambre froide. Une, pas deux, ce n'était pas nécessaire. Ici le fourneau, là le point d'eau pour la vaisselle, ici pour laver les légumes… Dans la tête de l'ancien malfrat, une organisation rationnelle commençait à prendre corps. Il en oublia presque les yeux mesmériens, le parfum entêtant, les formes féminines troublantes, le sourire en coin, la nuque trop longue, trop fine. Ils étaient dans l'action. Ensemble, tête contre tête.

Justin les interrompit.

– Il faut que je rentre à la cure. Bon travail. Je te verrai ce soir, Gus !

Puis il sortit très rapidement, les laissant seuls.

Décontenancé, Gustave rit, un peu gêné par le départ précipité de son ami.

Pauline et lui discutèrent longtemps. Et le restaurant naquit là, cette journée.

– Vous comprenez, ce n'est pas parce que c'est un endroit pour les gens pauvres que l'on ne pourra pas offrir un minimum de service. Malgré la modicité des prix et le menu unique, je veux des nappes, des serviettes, des bouquets de fleurs.

– Du vin ?

Pauline réfléchit un court instant.

– Vous pensez qu'on pourrait, vraiment…

Tout à coup, un bruit de gargouillis dans le ventre de la jeune femme les fit sourire, complices.

– Hou là ! En attendant d'ouvrir notre luxueux établissement…

Gustave savoura fortement le « nôtre ».

– …je vous invite à déjeuner, je vous le dois bien. Ça fera partie du premier salaire que je vais devoir vous verser.

Il secoua la tête avec force.

– Il n'en est pas question. Je veux simplement vous aider. Et je veux le faire absolument gratuitement. Pas d'argent, non ! Je ne peux pas vous dire pourquoi, mais j'ai vraiment besoin de… donner.

Toujours avec ce sourire désarmant, elle pointait un doigt sur son plexus.

– D'accord ! Vous, vous avez quelque chose à vous faire pardonner de Dieu !

« Non, Pauline, pas de Dieu… Mais des hommes, oui ! »

– J'ai une idée. Allons à l'Estaque, dit Gustave pour ne pas s'attarder sur le sujet.

L'idée parut plaire, un sourire en attestait.

– Ok !

Elle prononçait ça comme une vraie Américaine…

Le Girelier en folie était situé au bord de mer. Le patron, une vraie bazarette, les installa près de la véranda. L'eau était d'un bleu translucide, elle donnait envie de s'y baigner.

– Aujourd'hui je vous propose une friture de girelles, bien entendu, que sinon, je n'aurais pas appelé mon restaurant comme ça, hein ! je l'aurais appelé, je sais pas moi… Chez Zize ! C'est ainsi que l'on nomme ma galine en cuisine. Mais je cause, je cause et vous n'avez toujours pas choisi ce que vous allez manger, peuchère de vous ! Alors, les girelles je l'ai déjà dit, et ensuite… un joli loup que mon fils a pêché cette nuit. Tenez, je vous le montre, mais ne le dites à personne !

Il apporta dans un grand plat un beau poisson gris.

– Alors, hein ? Grillé sur un lit de fenouil frais, ça ne va pas être complètement mauvais, non ?

Pauline et Gus, morts de faim, salivaient à l'avance.

– Et en entrée, j'ai réussi à sauver une belle batavia. Je vous dis pas d'où elle sort celle-là parce que sinon on va manger aux calendes grecques ! Bon, je vais vous préparer tout ça. En attendant, vous prendrez bien un petit pastaga ?

Il se pencha et chuchota :

– Il ne faut pas le dire, mais c'est mon beau-père qui le fabrique. Il sent un peu l'alcool à brûler, d'accord, alors il ne faudrait pas en boire trop, rapport qu'à mon avis il serait possible de tomber aveugle ! À part ça, en toute honnêteté, il n'est pas mauvais du tout !

Puis les poissons arrivèrent enfin sur la table dans une robe de panure.

– Un trait de citron, un peu de sel, et voilà ! Bon appétit !

– Mmm ! Ça fait longtemps que je n'ai pas mangé de girelles !

En riant, Pauline demanda tout à trac :

– Pourquoi ? Vous étiez dans le maquis ?

Brusquement, Gustave n'eut plus faim.

« Fatche de con ! »

Elle ressentit son trouble. Il ne disait plus rien et restait ainsi, la main tendue en l'air. Il comprit dans la seconde que celle dont il était tombé amoureux n'était pas pour lui et ne le serait jamais. Son passé était beaucoup trop lourd entre eux deux. Un grand vide s'installa dans sa poitrine. Il avait mal, et ne pouvait le dire à personne.

Lui dans le maquis ! Alors qu'il n'était qu'un nervi chargé de basses besognes et que, si elle avait vécu dans ses anciens quartiers, il aurait pu l'envoyer à la mort !

La fin du repas ne ressembla pas du tout au début. Pauline ne comprenait pas et fut vexée par l'attitude de Gustave qui ne desserrait presque plus les dents.

– Je vais rentrer, annonça-t-elle soudain en se levant.

Le désespoir et la panique. Il fit un geste pour l'accompagner :

– Attendez, j'appelle un taxi.

– Ce n'est pas la peine, je rentrerai en tram.

Laissant quelques billets sur la table, elle demanda sèchement :

– Vous voulez toujours le travail ?

Il hocha la tête, ne pouvant pas parler.

– Bien. Alors je vous attends dès que les travaux seront finis, vers la fin du mois. Si vous êtes toujours intéressé, venez quand vous voudrez.

Et elle tourna les talons.

Une voix lui criait : « Rattrape-la ! Ne la laisse pas franchir cette porte comme ça ! » Déjà, la main sur la poignée poussait le battant.

– Non, s'il vous plaît, je…

Elle interrompit son geste une seconde.

– Quoi ?

« Laisse tomber Gustave, trop de confidences impossibles à faire, elle ne pourra jamais accepter, et avec raison. Et si tu te tais et qu'elle l'apprend un jour, elle te détestera, tu lui feras horreur ! »

– Rien. Rien.

Et il la vit partir tristement.

11

Les semaines qui suivirent furent bien lugubres. Gustave ne dormait pratiquement plus, se réfugiait entièrement dans la peinture, espérant ne plus penser… Il abandonna le bossu pour réaliser une madone à la rose, et s'aperçut, le tableau presque fini, qu'il avait peint Pauline. Pauline quand elle le regardait droit dans les yeux avec toute son honnêteté, sa droiture, son intégrité.

Justin se désolait de voir son ami se ronger les sangs :

– T'étais déjà pas bien gros, mais maintenant, tu deviens un vrai baccala. T'es maigre comme un stoquefiche. Et pour t'arracher un sourire, il faut quasi te chatouiller la couenne.

Il faisait des efforts mais ça ne passait pas, il pensait à Pauline presque tout le temps.

Le climat était, en ce début d'année, particulièrement rude. Le froid avait fait une percée terrible sur la pauvre Provence.

Dans la statue, on ne pouvait pas toucher le cuivre, le métal, tout était gelé. Gustave avait bouché les yeux de la statue pour ne pas mourir de froid :

– Peuchère, elle n'y voit plus rien. Elle ne doit pas avoir la possibilité d'aider les marins en difficulté ! Et les autres. “ Notre-Dame-de-la-Garde est un mât : elle oscille sur sa quille. Elle va prendre son vol, la basilique, avec la Vierge qui lui sert de huppe. Quelle masse solide résiste au mistral ? Le mistral rend les hommes enfants et fait tourner les têtes ", récita Justin qui aimait beaucoup André Suarès. Viens donc dormir en bas, avec moi, pour ces quelques mois d'hiver. Au printemps, tu remonteras !

Mais Gus fit la sourde oreille. Il voulait souffrir seul. Et il avait peur que les mots de ses cauchemars lui échappent.

Il gémit :

– Je ne m'en sortirai jamais. Où est-elle sur Terre, la vie normale ? Y en a-t-il simplement une pour moi ?

Il se retrouvait souvent à la crypte, tout en bas, devant une étrange Vierge à l'Enfant. Marie et l'Enfant, au lieu de regarder le monde, s'observaient. Le regard de l'enfant à sa mère était à l'évidence un regard totalement amoureux. Beaucoup de sensualité émergeait de la femme en pierre, et Gustave, quand il avait le moral à zéro, laissait aller son esprit dans ses plus noirs recoins. Et dans les odeurs d'encens, de bougies, sous la coupole richement décorée, il recommençait sa vie, cette fois sans faire d'erreurs.

Justin lui avait demandé de restaurer un ex-voto que le mistral dans sa violence avait fait tomber au sol. C'était un tableau sur la dernière guerre, comme beaucoup d'ex-voto. Par exemple, cette frise au-dessus du maître-autel, uniquement réalisée avec des croix de la Légion d'honneur aux provenances très mystérieuses.

Le tableau qu'il devait réparer était intitulé *Les Barricades de la place aux Œufs,* et daté de 1848. Cette place n'existait plus. Elle se trouvait à l'époque à peu près vers l'ancien rempart grec, connu sous le nom de mur de Crinas. Une œuvre signée Joséphine Borel, élève des dames ursulines d'Aix et fille de Pierre Borel, artisan bijoutier de la place, dont ni l'atelier ni le domicile ne souffrirent de l'émeute qui se déclencha pour la généralisation de la journée de dix heures au lieu des onze normalement travaillées.

Ce petit tableau sur papier de dimension moyenne de trente-trois centimètres sur quarante-cinq, sur papier, enrichi de gouache, montrait la fameuse place aux Œufs. Quelques rangées d'arbres, peut-être des platanes, soulignaient de chaque côté l'embourgeoisement de l'endroit. Les volets étaient grands ouverts et des insurgés couraient sur les toits. Certains jetaient avec violence sur la troupe des projectiles. Au premier étage de l'immeuble, un homme à la fenêtre déroulait un drapeau. En bas, en rang discipliné, faisant contraste, la Garde nationale. Quelques-uns, un genou à terre, tiraient avec des fusils sur les insurgés. Au sol, des barricades. Des corps en uniforme gisaient. Et en haut à gauche, la Vierge impassible regardait le massacre.

Gustave n'aimait pas du tout les scènes de guerre. Ce qu'il avait fait pendant la dernière, et il n'en était pas fier, le torturait toujours, comme une antienne. Mais comment défaire ce qu'il avait noué ?

Un soir, Justin dit tout à trac :

– J'ai vu la petite Pauline. Le restaurant est enfin fini. Elle t'attend impatiemment.

Le cœur de Gustave avait manqué une marche. Il s'efforçait de maintenir le souvenir de la jolie Américano-Provençale aux limites de son conscient.

– Elle est toute contente et se languit de commencer. Il paraît que les conseils que tu lui as donnés ont été précieux pour l'établissement et pour la pratique des cuisines. Nous sommes invités officiellement à l'inauguration. Elle te fait demander, par moi, si tu veux toujours occuper le poste de cuisinier le matin ?

– Bien sûr, je ne pense qu'à ça.

– Alors, il nous faut nous préparer à y aller.

– Tout de suite ? Là ? Sans laisser bouillir un peu ?

– Oui, oui, sans bouillir, tout de suite. Tu as toujours les vêtements civils que je t'avais passés ? Ton petit trousseau, quoi !

Gustave hocha la tête. Oui, il les avait gardés pour ses escapades nocturnes. Il n'avait aucune envie de se faire voir en costume de curé.

– Bon, allons-y donc. On nous attend pour le pastis. Il y aura tout le monde, même Monseigneur, c'est dire !

Elle avait invité également le sous-sous-préfet, le maire et leurs dames… Que du beau monde. Du monde que Gustave ne voulait surtout pas voir. Il avait toujours la crainte d'être découvert par un de ces hommes qu'il avait fréquentés jadis.

Mais Justin, avec une simple réflexion, leva ses doutes :

– Je me demande si elle va te reconnaître, mon gars, tu as tellement changé. Maigre comme ça !

Le prêtre avait raison. Les traits tirés, Gustave avait perdu ses joues de bon vivant, des cernes noirs mangeaient sa figure et la barbe qui avait repoussé cachait presque entièrement son menton. Il affirma avec force :

– Je ne me couperai certainement pas la barbe !

Justin connaissait bien les batailles intérieures de son ami.

– Bon, comme tu veux. Mais tu ressembles à un missionnaire revenant de la forêt amazonienne. Ou à un singe !

La réflexion le toucha : il n'avait pas envie de passer pour un singe aux yeux de Pauline.

Il coupa un peu par-ci, par-là, se coiffa, oui, ça allait tout de même mieux. Il s'habillait pendant que Justin lui donnait, comme tous les soirs, quelques nouvelles de la cité.

– Le jeune avocat, tu sais Defferre, celui qui a créé le réseau de résistance Brutus, eh ben, il est nommé sous-secrétaire d'État à la France d'Outre-mer. Il est drôlement ambitieux, et je me demande… Il a les capacités de devenir président de la

République un jour, pas moins ! Sinon, Jean Cristofol s'attaque à la reconstruction. D'abord le quartier du Panier, puis les bâtiments touchés par les explosions, et ensuite un groupe d'immeubles en bord de mer. Et un autre, un architecte Suisse, va construire sur le boulevard Michelet un bâtiment. La "Cité radieuse", ça va s'appeler. Un peu ronflant, non ?

Malgré ses préoccupations amoureuses, Gustave ne put s'empêcher de rigoler :

– Pourquoi ça ? Les hommes n'ont donc pas le droit d'utiliser ce mot ? Radieuse ! C'est tout de même pas spécialement réservé à la religion tout de même !

La voix de Justin enfla. C'est l'engatse qui s'annonçait.

– Mais j'ai absolument pas voulu dire ça ! Simplement…

Devant l'œil rigolard et malicieux de Gustave, ils partirent d'une bonne risade. Puis le curé continua à donner les nouvelles pour son ami. De l'information orale, comme en Afrique.

– Le maire a demandé aux habitants des cent onze villages de Marseille de se prendre en main. Qu'ils s'occupent des réfections des équipements autour d'eux. Plus inquiétant, les événements en Indochine ont l'air de s'aggraver encore. Et puis, décidément, Staline se fâche avec les États-Unis.

Mais, en vrai, Gustave s'en foutait, il se foutait de tout ! Il allait revoir Pauline. Alors, Staline, Defferre, Cristofol… Ouais, vraiment, il s'en esbouriffait les roustamboffis !

– Bon, je suis fin prêt.

– Descendons, donc.

Ils se rendirent en ville à pied, passant par la rue Saint-Jacques, peu loin de la place Castellane. Petit à petit, à Marseille, les cicatrices de la guerre se refermaient, et même dans l'esprit des hommes. On oubliait. L'épuration avait été très dure, des comptes s'étaient réglés, il y avait eu des morts, quelquefois des innocents, il fallait bien le dire. Mais aujourd'hui on pensait à réconcilier les Français entre eux. Il fallait enterrer les rancœurs.

Sur la place, les gens passaient en tchatchant, chaudement vêtus, devant un célèbre écailler qui proposait ses oursins de Carry, les meilleurs, et ses violets du jour.

Soudain, Gustave agrippa le bras du curé et le serra fort.

– Oh, le tron de l'er ! Qu'est-ce qui t'arrive ? Tu t'amollis, fais gaffi de pas tourner girelle, hein ?

– Ouais, c'est tout à fait mon genre !

– Tout peut arriver mon beau ! Voilà, nous y sommes.

Une foule dense se pressait devant le nouveau restaurant, sobre mais de bon goût, qui se dressait sur la petite place Notre-Dame-du-Mont.

Un néon joyeux et fier annonçait : « Restaurant du peuple ».

– Ça fait un tout petit peu communiste ça, non ?

Justin haussa les épaules, fataliste.

– Oh, tu sais, au jour d'aujourd'hui, communiste ou pas, les hommes ont envie de fraternité, ils ont envie de croire de nouveau en eux, en la formidable force d'amour enfouie si près de la peau. Mais entention, hein ! Pas en surface… elle est profondément ancrée en nous ! Et loin… bien au-delà des minuscules clivages de religion ou, pire, de politique !

– Tu me fais toujours rire avec tes belles idées sur le monde et sur les hommes. Comme d'habitude, tu crois au Père Noël ! Entrons donc !

Il y avait beaucoup de monde. Sur une petite estrade se tenaient quelques officiels en costume de parade, écharpe bleu-blanc-rouge, casquette, melon, Borsalino et tout ce qui va avec.

Au milieu, magnifique, resplendissante de beauté, Pauline.

Vêtue d'un tailleur foncé assez classique, chemisier blanc, avec une belle broche épinglée sur le col, elle avait ce sourire particulier qui avait fait craquer Gustave le premier jour, quand il l'avait vue à l'église. Elle écoutait un homme en frac qui faisait de grands gestes pour accompagner ses envolées lyriques :

– Et cela grâce aux efforts de notre jolie présidente, Marseille va enfin s'enorgueillir de ce nouvel espace confraternel…

Il était petit, rondouillard, content de lui, les joues rouges d'un viveur. L'accent était chantant, mais on sentait bien qu'il voulait se réformer et, par-ci, par-là, pointait l'air de celui qui aurait bien envie d'être pris pour un Parisien. Mais sans succès. C'est à peine s'il faisait un peu… aixois. Arrivé à cet endroit de son vaillant discours, il reprit sa respiration :

– … permettant de réduire encore les injustices sociales en proposant, pour un prix modique, un repas aux plus démunis.

Il leva ses bras courts et les lançant vers Pauline :

– Encore un grand merci, mademoiselle Espérandieu, vous qui alliez la beauté surnaturelle d'une déesse antique à un cœur grand comme la basilique Saint-Pierre !

Applaudissements nourris devant l'image osée.

– Et maintenant, je sais bien que vous ne voulez pas parler, mais quand même, dites-nous donc un petit mot pour qu'au moins on vous entende. Que l'on sache que vous n'êtes pas muette !

Il se tourna vers la foule, riant par avance.

– Vous allez voir, elle a une voix tout à fait charmante, elle pourrait pousser la chanson à l'Alcazar.

Rires. Pauline, bravement, sourit, puis se redressa et dit simplement :

– Je ne suis pas toute seule, je fais partie d'une équipe et nous faisons ce que nous croyons être juste.

Gustave vit, ou crut voir, son regard se poser directement sur lui. Elle sourit et elle ajouta :

– En accord avec notre conscience et avec notre âme.

La phrase, étrange pour la foule, eut la vertu de faire taire les bavards. Le tribun professionnel attendit un peu, se demandant manifestement une suite, mais comme finalement rien ne venait, il reprit :

– Et maintenant, comme il se doit, nous allons donner le coup d'envoi de ce bel apéritif, que je vous invite, mes chers amis…

Des tables recouvertes de nappes blanches avaient été dressées élégamment contre le mur. Des assiettes emplies de différents amuse-gueules alternaient avec de jolis bouquets de fleurs simples mais très colorés. Un bel effet.

– … à venir partager avec nous.

Re-applaudissements. Puis ne voulant pas être le dernier, il fila sans attendre son reste vers le buffet. Il fut suivi par une foule bon enfant. On se pressait maintenant autour des tables, et Pauline se retrouva un peu libérée. Elle se dirigea directement vers Justin.

– Mon Père ! Bonjour. Gustave n'est donc pas venu ?

Mais, tout à coup, elle réalisa que l'homme sombre qui se tenait à côté du curé était celui dont elle s'inquiétait. Il vit sur son visage à quoi il ressemblait aujourd'hui.

– Mon Dieu, mais c'est toi… Pardon, c'est vous, Gustave ?

Il sourit pauvrement, mais fut tout de même content, elle l'avait tutoyé.

– Oui. Et je voulais vous dire que…

Justin prit amicalement la jeune femme dans ses bras et l'embrassa sur les deux joues.

– Bravo Pauline ! Voilà une belle leçon de combativité et de courage. Je te félicite pour ton travail extraordinaire. Mais, dis-moi, c'est pas Monseigneur que je vois là-bas, en compagnie de son assistant ?

Effectivement, accompagné de son secrétaire, le célèbre prélat marseillais se dirigeait vers la sortie.

– Oui. Si vous voulez le voir, il faut vous presser un peu.

Bousculant Gustave, il se haussa sur la pointe des pieds :

– Je vous laisse, je dois absolument lui parler…

Une fois seuls, les deux jeunes gens se sourirent.

– Des trucs de curés à se dire, dit Gustave un peu bêtement.

– Certainement.

Elle tendit la main, tout naturellement, comme s'ils étaient amants depuis toujours, et lui toucha timidement le visage avec sa paume. Il tressaillit. Elle avait la main douce. Sous la caresse, il ferma les yeux.

– Que vous est-il donc arrivé ? Vous avez été bien malade ? demanda-t-elle d'un ton peiné.

Tant pis, il allait lui dire tout. Tout. Qu'il l'aimait et qu'il crevait de ne pas la voir, qu'il avait honte aussi… Il respira profondément, rouvrit les yeux.

Et c'est à ce moment-là qu'il vit Alphonse.

Alphonse Turdieu.

Un ponte qu'il connaissait bien. Trop bien. Qu'il aurait voulu rejeter au fond du cloaque d'où il venait de jaillir. Pauline s'inquiéta :

– Gustave, que vous arrive-t-il ?

Elle le gansaillait par la manche, essayant de le faire revenir vers elle. Elle le pressait de lui raconter ses dernières semaines. Il comprit qu'il ne pouvait, ne devait rien lui dire de son véritable tourment, que leur relation était condamnée à rester celle de patronne à employé. Jamais autre chose.

– Rien. Un petit rhume.

– Un rhume tout bête ?

Turdieu était en conversation avec le maire de Marseille et le grand épurateur de l'après-guerre, un Saint-Just qui avait poursuivi avec pugnacité les collaborateurs. C'était anormal, contraire à toute logique. Comment se pouvait-il que ces deux personnages se fréquentent ainsi ?

Car l'Alphonse, sous ses dehors de grand bourgeois rangé, était un truand notoire. Gustave et lui étaient en compte.

Cela datait du jour où le jeune nervi avait voulu récupérer la maison familiale, quelque temps avant la fin de la guerre. À ce moment-là, tout se débandait, il y avait une odeur d'anarchie dans l'air qui allait parfaitement avec ses projets. Il croyait être assez bien implanté dans la bande, et il était suffisamment sûr de lui pour pouvoir utiliser quelques gros bras pour son usage personnel.

Il avait pris sa voiture avec deux d'entre eux et, après une assez longue route, ils étaient arrivés au pied de son ancienne maison. Gustave était très ému de la retrouver telle qu'elle était dans son souvenir, qui datait d'une bonne vingtaine d'années. Apparemment, rien n'avait changé dans la jolie demeure cossue. Il manquait juste Rudy, le chien qu'il avait eu à son cinquième anniversaire. Sinon, on aurait dit que les mêmes fleurs poussaient dans les bacs aux fenêtres, occultées par les mêmes rideaux.

Il avait demandé à ses deux hommes de main de l'attendre tranquillement dans la voiture et avait sonné à la porte. Une femme de chambre en uniforme lui avait ouvert.

Il n'avait pas de plan précis. Il savait tout simplement que celui qui l'avait dépossédé était l'homme qui vivait là maintenant, en toute légalité. Cet homme avait mis discrètement la maison en vente aux enchères et l'avait achetée pour une poignée de figues. Mais aujourd'hui, Gustave était quelqu'un. Il tutoyait les plus grosses légumes de Marseille, et ce n'était certainement pas un petit notaire de province qui allait l'impressionner. Il allait faire le cacou, menacer ce jambon et lui intimer l'ordre de rendre ce qui ne lui appartenait pas.

Les choses ne s'étaient cependant pas du tout passées comme il l'avait espéré. La bonne le précéda jusqu'à une blonde décolorée qui l'espincha de haut en bas sans bouger. Comme s'il était un pacoulin aux ordres. Pourtant, il avait mis son plus beau costume et avait fait reluire ses pompes ; on aurait pu se mirer dedans. La maison sentait la daube, le feu de bois, l'aisance. Cela le mit encore plus en boule.

– Que puis-je pour votre service ? Vous demandez le notaire ?

– Oui. Le notaire.

– L'est pas là.

Elle fumait une blonde américaine, ne s'était pas levée à son entrée et ne lui avait pas proposé de s'asseoir. Il décida de frapper très fort. Le paquet de cigarettes traînait sur la table. D'autorité, il en prit une et l'alluma, sans se troubler, avec le briquet en argent posé à côté.

– Ne vous gênez donc pas ! grinça la mégère.

– Non, je ne me gêne pas. Jamais chez moi.

La blonde le regarda à nouveau, d'une autre façon. Avec plus d'attention. Puis elle se releva légèrement. Elle portait une de ces robes de chambre d'intérieur qui laissaient voir tout ce que l'on voulait. En l'occurrence, une longue cuisse nue et un bout de nichon blanc, farineux, qui n'aurait pas excité le moindre moinillon.

– Vous devriez vous rhabiller, vous allez attraper la mort !

Elle rougit violemment, referma son vêtement, se redressa, complètement furieuse.

– Comment osez-vous ? C'est quoi ça ?

Lentement, en prenant son temps pour qu'elle assiste bien à l'outrage, il écrasa la cigarette sur la jolie table marquetée.

– Vous êtes fou ?

Il rit longuement.

– Ne croyez pas ça. Je sais parfaitement ce que je fais.

Elle se leva d'un bond.

– C'est un racket ? Bon Dieu, petit, vous ne savez pas à qui vous vous attaquez !

Il n'aimait pas son ton condescendant ; de plus, elle avait dit « petit ». Il la gifla violemment. Sous le coup, elle cria en retombant sur le canapé qu'elle venait de quitter. Il fallait être pris au sérieux. Il ferma le poing et frappa violemment encore où, il le savait, ça faisait mal : en plein sur la poitrine. Elle cria de nouveau. Elle ne quitta plus le canapé, n'essaya plus de se relever, domptée par la brutalité de Gustave. Il crut l'avoir enfin à sa botte.

– Toi non plus tu ne sais pas qui je suis, cagole. Je fais partie de la bande de Carbone et Spirito, tu comprends ? Aujourd'hui, c'est nous qui commandons. Il faut que ton mec dégage vite fait de cette maison et qu'il la remette à son légitime propriétaire, c'est-à-dire moi, Gus la Gamberge. T'as compris ? Faut qu'il gicle vite fait, sans faire de foin ! Sinon…

La femme se tenait la joue, tétanisée.

– Je répète. T'as compris le message ?

Elle hocha la tête à plusieurs reprises.

– Oui, oui, ça va… Gus la Gamberge. Je n'oublierai pas.

– Je reviendrai dans une quinzaine de jours. Qu'il prépare les papiers. Dis-lui que, s'il veut rester en vie, il ne fasse pas le mariolle. Bon, maintenant, j'y vais. Et pour bien me faire comprendre, je vais lui laisser un dernier message. Ne vous approchez pas des fenêtres.

Gustave tourna les talons et sortit. Dehors, les deux malfrats fumaient une cigarette en l'attendant.

– On y va.

Les trois hommes remontèrent dans la voiture, Gus au volant. Il contourna la maison. Les deux hommes baissèrent les vitres et sortirent deux mitraillettes.

– Allez-y les gars, ne laissez pas un carreau intact !

La femme se mit à hurler pendant que les balles fracassaient les boiseries et le verre. Ça ne dura pas longtemps, mais quelques minutes plus tard, il n'y avait plus une seule fleur entière et la femme s'était tue. Dans le village, il n'y eut aucun héros, aucun policier municipal pour s'interposer ni aucun curieux aux balcons. Ils repartirent tranquillement dans un silence lugubre.

Mais Gustave n'avait pas pesé correctement les choses. Par manque d'informations. Le notaire véreux était un proche d'Alphonse Turdieu, de la bande adverse.

Il était même de sa famille. Pas de bol !

Gus ne l'apprit pas tout de suite, car la grande histoire s'intercala avec la petite. Dans la nuit du 27 au 28 août, sur le capot d'une Jeep, le général Schaefer accepta finalement une suspension d'armes qui se traduit tôt dans la matinée par la reddition de toutes les forces allemandes dans Marseille et dans les îles.

Marseille enfin libre.

Quand Gustave revint en ville après s'être fait un peu oublier dans un village tranquille, la France était libérée et lui se fit attraper. Dans son camp, le fasciste du PPF Simon Sabiani et le voyou Spirito étaient en fuite. Son copain rencontré au Caire, Carbone, mort dans un bombardement de la Résistance, ce qui d'ailleurs avait donné lieu à des funérailles quasi nationales avec *Ave Maria* chanté par Tino Rossi en la cathédrale Notre-Dame de Paris. Gustave, en rentrant à Marseille, s'était fait choper par la bande adverse… qui avait oublié le pacte de non-agression signé entre clans en 1937.

Le notaire, lui, avait très, très bonne mémoire, et la rancune très, très longue. Et il était drôlement vindicatif :

– Mettez-lui les guibolles dans le béton et balancez-le-moi dans la rade !

Ce que les hommes de Guérini, sous le contrôle de Turdieu, avient fait.

12

Pendant que ces noirs et douloureux souvenirs tournaient dans la tête de l'ancien voyou, Pauline, elle, le toisait de haut en bas :

– Un simple rhume ? Vraiment ? Eh bien, ce doit être une sorte de rhume que je ne connais pas et que je ne souhaite pas connaître. Combien avez-vous perdu de kilos ? Dix, quinze ?

Devant son silence, elle rit sèchement :

– Enfin, bien sûr, tout cela ne me regarde absolument pas. Non, ce qui m'intéresse réellement aujourd'hui, c'est de savoir si vous voulez toujours me donner quelques heures le matin pour faire la cuisine ?

Mal à l'aise avec le salopard dans les parages qui heureusement ne semblait pas l'avoir vu, il répondit tout aussi sèchement.

– Oui. Quand commençons-nous mademoiselle ?

Elle secoua son chignon avec nervosité.

– Mardi dans la matinée. Mais dès lundi pour les courses.

Il opina sans la regarder :

– Entendu.

– Lundi donc. Très tôt pour se présenter aux grossistes.

– Quelle heure exactement, mademoiselle ?

– Quatre heures tapantes.

Du coin de l'œil, il ne pouvait s'empêcher de surveiller Turdieu. Celui-ci, sentant un regard posé sur lui, se retourna.

L'homme le fixa droit dans les yeux. Gustave ne baissa pas le regard, le cœur battant.

Enfin, l'œil jaune du malfrat se détourna avec indifférence avant de se fixer sur la jolie Pauline. Gustave frissonna. On disait qu'Alphonse Turdieu aimait particulièrement torturer les jeunes résistantes, ou même carrément les promeneuses. C'était vraiment un affreux enfoiré. Si une lui plaisait, il la faisait enlever dans la rue par ses hommes de main et la violait dans la cave de sa villa. Ensuite, on ne la revoyait plus.

La mort était devenue banale en temps de guerre, bien pratique pour les bourreaux.

Pauline, fâchée du désintérêt de Gustave, tourna la tête et, sans lui dire au revoir, partit discuter avec d'autres invités qui la hélaient depuis un moment.

Lui s'éclipsa de la fête discrètement et remonta tout seul et tout triste la colline de la Garde.

« Parfait. C'est parfait », pensa-t-il. Il gémit, lugubre :

– Non, ce n'est pas parfait du tout, mais au moins je la verrai un peu.

Et puis, il fallait le dire, l'idée de bosser dur, d'avoir les journées bien remplies et de s'écrouler dans son hamac mort de fatigue lui plaisait bien. La fatigue physique était pour lui une véritable médication à la douleur psychologique.

La lune, complice, semblait lui dire : « Le chemin est très long, mais qu'il n'y en a pas qu'un. Nous allons marcher ensemble, ce soir, toi et moi, je te ferai une ombre douce, une compagnie discrète mais efficace. Je te guiderai gentiment jusqu'à ton but. »

L'air sentait le sel, imprégné d'humidité marine. Il décida de faire le tour par le bord de mer jusqu'à l'endroit où il était revenu à la vie. Il se souvenait : les pieds douloureux, les chaussures en béton qu'il venait de quitter.

Le vallon des Auffes. Il regarda en bas les petits restaurants éclairés de lampions, ils avaient un petit air de fête.

La mer faisait juste de légers va-et-vient dont le bruit montait doucement vers la petite route serpentant jusqu'aux Goudes.

Autrefois, il aimait aller à pied vers ce bout de monde et, souvent même, il poussait jusqu'à la calanquette de Callelongue.

Mais cette nuit, il s'arrêta au Prophète. Il descendit le petit chemin entre les cabanons en bois, qui conduisait jusqu'à la plage déserte à cette heure tardive.

– Fan de Chine ! Je vais le faire.

Il avait envie de se laver l'âme. Quand le regard d'Alphonse s'était posé sur Pauline, il s'était senti sali. Il demandait à la mer de le purifier.

Il ôta tous ses vêtements et, malgré la froidure, plongea d'un coup dans l'eau noire.

– Putain ! Elle est glacée !

Il battit fort des bras sous la lune, dans la mer, avec les poissons.

– Je vous aime tous ! cria-t-il.

13

Les traits du jeune homme vu au restaurant s'estompaient tout doucement dans le cinéma qu'Alphonse Turdieu passait en permanence dans sa tête.

– Mais où ai-je déjà retapissé ce gonze ?

L'image disparut, mais restaient les points d'interrogation. Il avait appris à être très prudent et à ne jamais négliger les signes.

Vraiment, c'était incroyable la veine qu'il avait !

Il sourit, assez satisfait.

Un cul de cocu !

Enfin, la veine… C'était plutôt l'intelligence aiguë et l'opportunisme ! Turdieu avait une très haute opinion de lui-même.

Quelque chose cependant le tracassait un peu, qui l'empêchait d'être entièrement tranquille. Car il n'oubliait jamais un visage, jamais ! Cela venait de loin, quand il était entré dans la police judiciaire, en 1931, ça faisait partie du métier.

Il venait d'une famille de magistrats, son père était bâtonnier à Roubaix. Il avait commencé des études de droit mais rêvait d'action, alors il avait choisi la police, où il fut nommé à la DST en qualité de commissaire spécial. Sentant la fin de la guerre et la défaite, il s'était refait une santé en devenant notaire.

En fait, il avait acheté une charge, et tout cela avait été relativement facile car, en cette époque troublée, il était assez simple de falsifier quelques documents et de corrompre pour en acquérir d'autres. Quand on savait y faire… La nature humaine était ce qu'elle était.

Il avait échappé ainsi à l'épuration avant de reprendre les affaires. C'est avec l'argent de la Gestapo française qu'il avait pu mettre sur pied ce que l'on commençait à appeler dans le milieu la French Connection. Marseille avait toujours été au centre de tous les trafics. En 1912, déjà, une première convention avait été signée à La Haye en vue d'éradiquer le trafic d'opium. Mais alors qu'officiellement le gouvernement combattait ce poison, c'était une bien trop grosse manne, une rentrée d'argent fort bienvenue. Cela attirait trop de convoitise… Trop !

Le gouvernement de Vichy avait tiré une grosse partie de son budget du commerce de l'opium indochinois. Turdieu avait participé et organisé ce trafic, et c'est lui qui l'avait développé. Il en était assez fier. Car, grâce à lui, on était passé de sept tonnes et demie en 1940 à plus de soixante tonnes en 1944. La fin de la guerre avait stoppé en partie ses activités qui avaient heureusement pu reprendre quand les choses furent un peu calmées et que les Saint-Just de l'épuration portèrent leurs regards sur d'autres. La French Connection – ou Corsican Connection – étaient les mots qui désignaient le nouveau trafic d'héroïne depuis l'Orient jusqu'aux États-Unis et le Canada. La morphine base venait d'Indochine, de Turquie et même de Syrie. L'idée était de la transformer en héroïne dans les laboratoires de Marseille pour l'acheminer par bateau de l'autre côté de l'Atlantique. Depuis qu'il avait repris les affaires, Turdieu sentait qu'on pouvait aller beaucoup plus loin que soixante tonnes. Oui, beaucoup, beaucoup plus loin.

Dans le temps, il avait recruté quelques mafieux célèbres qui s'étaient illustrés dans la Gestapo française. Dénoncés par Joseph Joanovici, « le chiffonnier milliardaire », un Juif qui servit en même temps la Gestapo, le Komintern et la Résistance, certains des hommes de la Carlingue avaient été capturés à la Libération et condamnés à mort fin décembre 1944. Parmi eux, Lafont, qui, sur le poteau d'exécution, la tête découverte et la cigarette aux lèvres, avait confié à son avocate, madame Drieu : « Je ne regrette rien, quatre années au milieu des orchidées, des dahlias et des Bentley, ça se paie ! J'ai vécu dix fois plus vite, voilà tout. Dites à mon fils qu'il ne faut jamais fréquenter les caves. Qu'il soit un homme, comme son père ! »

Ma foi ! Il était mort courageusement. Mais il n'était plus, il s'était fait pincer. Trop confiant, trop sûr de lui.

Par contre, Auguste Ricord, surnommé « Il Comandante » ou « Monsieur Héroïne », en avait réchappé ! Il avait senti le vent tourner et avait fui en Amérique du Sud à temps. C'était grâce à lui que Turdieu avait pu récupérer l'argent de la Carlingue et organiser sa petite affaire.

Lui aussi s'en était bien tiré. De justesse, c'est vrai, mais… Il avait également senti le vent tourner et agi dans le bon sens ! On n'avait pas réussi à trop l'inquiéter, non !

– J'aurais bien aimé voir ça !

Malin, il avait conservé beaucoup de dossiers mettant en cause tant et tant de politiques qui aujourd'hui jouaient les vierges effarouchées. Si bien que personne n'était finalement venu mettre son nez dans son petit business.

Il ricana :

– Des couilles molles !

La France en avait assez de tous ces drames, de toutes ces épurations… Elle voulait tourner la page. La preuve : quand Pierre Bonny, interrogé à la Conciergerie par le magistrat instructeur, dénonça, dans « l'affaire de la rue Lauriston », plus de mille personnes haut placées qui avait bénéficié de faux certificats de résistants, un vent de panique souffla sur la capitale. On préféra nettement parler d'autre chose.

Et puis les affaires reprirent ; il y avait la place pour des cadres compétents. Non, plus personne ne se rappelait « Monsieur Robert », son nom pendant la guerre. Il était bien tranquille !

Il avait tout d'abord été nommé responsable de la surveillance du territoire, puis enfin sous-sous-préfet.

Maintenant, l'objectif était de « rendre service ».

Par exemple, lors du coup de feu contre les militants communistes. La mafia sicilienne, napolitaine et le milieu marseillais collaboraient activement avec les services secrets américains, la CIA. Ces derniers avaient contacté Turdieu pour briser l'action marxiste sur le port, où les dockers avaient refusé de charger les armes destinées aux troupes d'Indochine. En représailles, les patrons avaient licencié huit cents d'entre eux et, par solidarité, les syndicats avaient organisé une grève illimitée bloquant tout le trafic. Les autorités firent libérer de prison des durs, des criminels, pour briser la grève, et c'est lui qui avait servi d'intermédiaire... Qui d'autre que lui, Alphonse Turdieu, aurait eu assez de diplomatie et d'entregent pour réussir ? L'argent qu'Irving Brown, le syndicaliste américain, avait débloqué servit à affaiblir les mouvements communistes du port de Marseille. Et c'est dans la poche d'une poignée d'hommes comme lui qu'il avait coulé.

Il comptait également dans ses activités le trafic de cigarettes organisé avec le clan Guérini, Jo Renucci et Lucky Luciano... Mais ça, c'était encore des projets... Il pensait à l'avenir.

Mais à présent, ce qui le contrariait, c'était un visage.

Mais où avait-il déjà vu ce visage ?

14

Quatre heures tapantes, elle avait dit.

Gustave arriva un bon quart d'heure avant le rendez-vous. Il attendit en battant la semelle, il faisait très froid. Puis il poireauta encore une demi-heure, car elle était en retard. Il n'était pas en colère comme il l'aurait été autrefois quand ça lui arrivait, non, il sourit, mais il commençait à s'inquiéter

Et puis, tout à coup, Pauline fut là. Mal réveillée, le bout du nez rougi par le froid, catastrophée par son retard, assise sur un vélo et en poussant un deuxième.

– Bonjour Gustave. Nous allons faire pas mal de chemin aujourd'hui, alors du coup, j'ai pensé… Ce sera plus simple.

Elle chevauchait son vélo d'homme en pantalon avec des pinces en bas pour que le tissu ne se prenne pas dans les rayons. Elle portait un blouson en gros cuir marron sur un pull gris qui avait l'air assez chaud. Une sportive ! Parce que c'était fatigant de faire de la bicyclette ici, ça montait, ça descendait…

– Acceptez ce vélo ! Il est à mon papa. Il est bien gentil de nous le prêter, car il y tient beaucoup. Il paraît que c'est avec celui-là qu'il a séduit et enlevé ma douce mère… Avant-guerre, bien sûr. Alors, vous pensez s'il y est attaché !

Elle rit. Elle était en pleine forme, la girelle. Une énergie extraordinaire se dégageait de son corps délié, voluptueux. Il eut envie de la serrer fort contre lui, mais il ne le fit pas. Bien entendu.

– Je m'en achèterai un bientôt. J'ai de l'argent, vous savez !

Il prit la bicyclette du papa et monta dessus pour l'essayer.

– Ça va aller pour aujourd'hui. Je pensais faire le trajet en tramway, mais c'est vous qui avez raison, comme d'habitude. Ce sera plus facile ainsi et plus rapide.

Un rire gai et bref comme un trille d'oiseau sortit de la gorge de la jeune femme.

– Pardi !

Après un café accompagné d'une fougasse encore bien chaude avec des morceaux d'olives âpres contrastant agréablement avec la pâte du pain brioché, ils commencèrent à discuter des grossistes. Gustave avait préparé des listes de courses, une stratégie d'approvisionnement du restaurant pour le mois.

– Le but est d'utiliser les fruits et légumes de saison pour en avoir des bons et, surtout, tirer les meilleurs prix. Et aussi trouver des plats populaires qui ne coûtent pas trop cher.

Ils furent très bien reçus par les commerçants. On leur faisait l'article, ils comparaient, soupesaient, apprenaient ensemble le métier. Il était déjà sept heures lorsqu'ils eurent entièrement fait le tour et passé toutes les commandes ; ils seraient livrés le lendemain matin à huit heures.

Pauline soupira longuement.

– Bon, maintenant, allons à la criée aux poissons. Et aussi les abattoirs aux Aygalades. On commence par lequel ?

Gustave réfléchit un petit moment.

– Je ne sais pas si on pourra tout faire, mais dans un premier temps, voyons plutôt les poiscailles. Pour la viande, on verra après…

En tant que nouveau chef cuisinier, il avait prévu des sardines au four en sauce tomate. Il avait le choix dans la manière : il existait plus d'une centaine de recettes pour préparer les petits poissons, véritable pain de la mer des Marseillais. Par exemple avec des bettes, appelées en France (c'est-à-dire au-dessus d'Avignon) des blettes. Tout ça, avec un bon bout de pain, un quart de vin et un café pour une somme toute petite.

Il sentait chez Pauline l'angoisse qui montait.

– Ne vous inquiétez pas, nous allons y arriver.

Ils descendirent la Canebière par le cours Julien. Il faisait encore bien nuit et la dynamo de leurs phares illuminait la route doucettement en grinçant un peu. Ça rythmait leurs coups de pédale. L'éclairage public serait bientôt rétabli partout, la municipalité s'y était engagée solennellement. Sur le Vieux-Port, ils tournèrent à gauche. Le transbordeur manquait dans le paysage, il avait cédé devant la folie des hommes, utilisé comme cible de guerre.

Au fur et à mesure qu'ils s'approchaient de la criée, le charroi se faisait de plus en plus dense. Les charretons à bras arrivaient du port tirés par des pêcheurs ou par leurs femmes, robustes partisanes au verbe haut et aux jurons faciles. Il n'était pas encore né celui qui viendrait leur écraser les arpions, sas !

La hauteur de la halle en métal était vraiment impressionnante, on se serait cru dans une gare de trains. Mais avec plus de bruit encore. Ça criait les prix, les ordres, les indications en provenance de partout fusaient ! En marseillais, la plupart du temps. Une langue composée de provençal mais très fortement enrichie des multiples émigrations méditerranéennes, de droite, de gauche et d'en face. Et cela depuis tellement longtemps, qu'un linguiste qui aurait voulu rendre à César ce qui appartenait à Jules y aurait certainement perdu son latin. Le génois, le catalan, l'espagnol, l'arabe de trois pays et même le portugais !

Sans oublier le turc, l'albanais, les langues de l'Est, l'arménien et bien entendu le grec ! Pour tout arranger, les Marseillais ne prenaient pas les mots tels quels, non ! Ils les déformaient, les modifiaient, se les appropriaient... Parfois, ils utilisaient le français, mais sous la forme provençale. Gustave pensa à sa vieille amie, la cuisinière marseillaise : « Je suis été au marché. »

Une faute de français, mais à Marseille, ça allait bien.

Pauline rayonnait dans cet environnement coloré.

– J'adore la criée du matin. C'est moi qui viendrai prendre les cagettes de poissons !

Un pli soucieux sur le front de Gustave.

– Vous vous y connaissez en poissons ?

Un peu vexée, elle haussa les épaules.

– Pardi ! Un peu, oui ! Quand même, je ne suis pas une nistonne de par ici pour rien. Je suis de la Belle-de-Mai !

– Ah bon ? Alors, c'est pas pareil !

Ils tombèrent d'accord avec un patron pêcheur et se tapèrent allègrement dans la paume de la main. Et vogue la galère !

Ensuite, pour se rendre aux abattoirs en vélo, avec le mistral contre, ce ne fut pas du tout facile ! Ils traversèrent la ville, montant hardiment la rue toute droite de la République, la plus régulière de la cité. Une percée Haussmann, avec de beaux hôtels particuliers de part et d'autre, elle commençait du Vieux-Port pour arriver directement à la Joliette.

De la mer à la mer.

Ils croisèrent sur le chemin des ouvrières qui allaient travailler aux dattes de Micasar. Pour protéger les fruits, elles portaient une sorte de cagoule. Leur boulot était difficile et si mal rétribué que les gens les soupçonnaient de se livrer au plus vieux métier du monde pour survivre. Ainsi, dans le langage, la cagoule était devenue la cagole, un vilain mot péjoratif qui désigne une jeune fille un peu trop vulgaire.

Après une bonne suée, ils arrivèrent enfin. Si la criée était surprenante, les abattoirs étaient encore plus gigantesques et plus impressionnants. Heureusement, le chevillard qu'ils venaient voir se tenait sous l'enseigne de son bureau, sinon, jamais ils ne l'auraient trouvé dans cette cohue infernale. Gustave comprit tout de suite, à la manière dont il accueillit la jeune femme, que le père de Pauline était un homme de poids, un ponte. Ils commandèrent un bon pot-au-feu pour le mercredi, puis ils prirent congé.

Il était onze heures trente et ils n'étaient pas seuls aux abattoirs à avoir maintenant un petit creux. Les bouchers, calots et uniformes ensanglantés, sortaient de l'enceinte des abattoirs pour se diriger dans les restaurants nombreux au-delà des portes immenses encadrées par deux sculptures de bœuf.

– Mmm ! Des pieds paquets ! J'adore ça.

Gustave également.

C'était le plat typique d'hiver en Provence, et surtout à Marseille. Des pieds de mouton et du hachis empaquetés dans des tripes qui cuisaient des heures et des heures dans une daubière en terre d'Allauch remplie de vin blanc, de romarin et de plein de secrets que chaque famille marseillaise cachait soigneusement. Il fallait, pour les percer, épouser une fille ou un gars du coin. Et encore ! Car toute famille marseillaise prétend en détenir le seul, l'unique, le vrai mode de fabrication.

Un plat de pauvres aussi, car il ne demandait pour sa mise en œuvre que des bas morceaux. Parfait pour le Restaurant du peuple.

Il y avait beaucoup de monde dans la petite cantine populaire que choisirent Pauline et Gustave. Un rayon de soleil traversa le rideau à carreaux devant la fenêtre et vint éclairer le doux visage de Pauline. L'âme d'artiste de l'ancien truand marseillais fut une nouvelle fois fascinée, et il dut se faire violence pour ne pas prendre la main de sa patronne et la porter à sa bouche goulûment.

Pauline le regardait, songeuse.

– Gustave, est-ce que c'est moi qui, par une attitude maladroite, vous ai vexé… ou je ne sais quoi ? Hein ?

Il secoua la tête et changea de sujet.

– Non, je vous assure ! Vous n'avez pas embauché de serveuse ?

– Ma cousine viendra me donner un coup de main pendant une bonne semaine. Après on verra bien… Peut-être vais-je y arriver toute seule ?

– Et pour la plonge ?

– Ah… là, j'ai dégun. C'est moi qui m'y collerai la première semaine. Après, on pourra peut-être embaucher un sans-travail. Les pauvres hères ne manquent pas par les temps qui courent !

Elle était marrante, comme ça, à suçoter des os de pieds de mouton. Elle aperçut tout à coup la lueur narquoise dans les yeux de Gustave.

Elle voyait beaucoup de choses, peu lui échappaient.

– Quoi ? Qu'est-ce qu'il y a ?

– Je me demandais comme ça… Pourquoi tout cet estrambord ? Vous pourriez avoir une carrière tranquille de décoratrice ? Qu'est-ce qui vous pousse à monter ce projet ? La charité chrétienne ?

Il avait remarqué la croix en or qu'elle portait autour du cou. Elle gansailla un morceau de pain un moment en le regardant avant de répondre :

– Peut-être. En fait, je ne sais pas. Mais est-ce que l'on sait toujours pourquoi on fait les choses ? Non, je ne peux pas vous répondre honnêtement. Et vous ? Vous savez toujours avec certitude pourquoi vous avez pris le chemin de droite plutôt que celui de gauche ? Peut-être est-on trop jeunes…

Il ne répondit pas. Oui, aujourd'hui, pour une fois, il savait pourquoi il était là. Mais il ne pouvait pas le lui dire.

Avec le poids de ses anciennes vies, il se sentit très vieux !

La descente vers le restaurant fut plus simple que la montée et surtout plus joyeuse. Le demi de vin rouge, roboratif, avec une belle teinte violette, que le patron bourru leur avait presque imposé y était certainement pour quelque chose.

En passant la Canebière, ils s'arrêtèrent au marché des Capucins pour les conserves et les épices. La place bruissait encore, bien qu'il soit déjà une heure passée. Ils firent affaire avec l'épicier espagnol qui se trouvait au début de la rue Longue. Des longanisses, gendarmes, sobrassadas, butifarras et autres saucisses de son pays pendaient devant la boutique du Catalan. À l'intérieur, les olives, les anchois, le hareng, la morue salée…

Deux beaux cartons bien pleins, et bien lourds.

– Je vous porterai ça vers trois heures, promit le commerçant.

La foule très mélangée de fin de matinée, bourgeois, bonnes de riches de la rue Paradis, pêcheurs du vallon des Auffes, Arabes du Levant, Noirs en boubous, tous des cabas à la main, achetaient à tour de bras pour la semaine qui arrivait.

Certains buvaient un café au soleil au petit bar installé au milieu de la place entre les commerçants, pour d'autres c'était encore l'apéro.

Puis ils grimpèrent sur leurs grands vélos la rude pente du cours Julien, et arrivèrent vers les deux heures devant le restau.

Les cantonniers de Notre-Dame-du-Mont n'avaient pas encore fini de déblayer les montagnes de fruits et légumes abîmés, les cagettes avec la paille et les immondices qui encombraient la place. Çà et là, des silhouettes de femmes pauvrement vêtues, douloureusement penchées ou assises au sol, triaient quelques fruits et légumes gâtés. Des enfants cavalaient dans cette petite foule disparate de misérables.

Pauline en les voyant soupira longuement.

– Ceux-là ne viendront pas. Ils n'ont même pas les deux sous nécessaires à un modeste et simple repas chaud.

– On verra bien. De toute façon, on ne peut pas éradiquer toute la pauvreté du monde à nous deux !

– Hélas !

Demain, tous les gens du quartier viendraient, c'est sûr. Ce n'était pas la clientèle que Pauline voulait particulièrement, ce n'était pas la vocation du restaurant, mais pour les premiers jours, ça irait bien.

Pauline bâilla bruyamment.

– Excusez-moi Gustave, mais je ne tiens plus debout. On dit demain vers huit heures ?

– Oui. Je passerai prendre le poisson avant, et je serai là à huit heures exactement.

– Au fait, je vous ai fait faire des clefs pour que vous ne soyez pas à la porte si vous arrivez avant moi.

Elle lui tendit un trousseau avec un porte-clefs : une magnifique représentation de la Vierge de la Garde.

Gustave ne rentra pas directement à la cure. Il préféra aller caler ses reins fatigués sur les rochers, en face de la mer et du soleil. Là, il s'endormit d'un sommeil profond, heureux, la terre tout contre lui.

Les sardines étaient fraîches, belles, toutes petites comme il les aimait. Gustave équilibra avec des ficelles les cagettes de beaux poissons argentés sur le porte-bagages du vélo et remercia chaleureusement le pêcheur.

– Et demain, je cale des gireliers, l'informa ce dernier.

La cohue dans la criée était telle qu'il dut faire attention pour sortir sans se faire renverser. Dehors, à mesure qu'il s'éloignait en longeant le port, le bruit décrut doucement. La ville dormait encore sur ses deux oreilles.

Enfin, il traversa le marché, saluant les uns et les autres, il avait déjà ses repères. Il ouvrit le restaurant en enlevant les panneaux de bois.

– Alors voisin, c'est le grand jour ?

Le marchand contigu, grossiste en légumes, un bonhomme tout rond avec une casquette sur son crâne chauve, tirait sur son mégot de Gitane maïs. Sympathique.

– Hé ! je viens à midi ! Gardez-moi une petite place, ou plutôt deux. Près de la cuisine, comme ça je serai servi vite ! J'emmènerai ma dame. Ce sera notre sortie de la semaine ! C'est bien vrai que vous faites pas cher le repas, hein ?

Gustave laissa le bonhomme à ses rêves de générosité conjugale pour accueillir le commis qui lui livrait les légumes. Un minot fort débrouillard, maigre comme un courlis, avec un grand sourire sous sa gapette.

– Tu veux un café, petit ?

– Oui, je veux bien, c'est bien gentil de votre part.

Il en servit aussi un au jeune qui apportait l'épicerie et se mit au boulot.

La sauce tomate, il faut que ça cuise doucement, que ça mijote au moins deux bonnes heures. Il aiguisa longuement le couteau, éplucha et débita les tomates, les oignons, qu'il jeta à roussir dans la casserole. L'ail…

Il entendit siffler. Comme un homme qui siffle une belle girelle au printemps sur la Canebière.

– Mmm ! Ça sent jusque sur le trottoir…

Pauline était là qui éclata de rire.

– … Et moi, ça me donne faim !

Dans sa tête chamboulée passa l'idée que lui, c'est d'elle qu'il avait faim !

– Y a aussi du fromage de tête, très beau. Je l'ai pris en passant, séduit par son aspect.

Pendant qu'elle dévorait à belles dents un sandwich, Gustave finit sa sauce en ajoutant les épices, du fenouil, un brindouilla de thym et le piment oiseau pour que tout soit un peu plus relevé.

Ils avaient choisi, chez le caviste de la Plaine, un vin rouge et un blanc de région, pas trop chers mais qui se laissaient boire, ma foi. Le bougnat et son fils roulèrent les deux tonneaux jusqu'à l'endroit que Gustave leur indiqua, derrière le bar, puis filèrent immédiatement. Leur cheval, mal attaché, provoquait dehors une engatse en mangeant la belle salade verte du primeur.

Gustave et Pauline se marrèrent ensemble en voyant les Marseillais s'encagner pour pratiquement que dalle. Peut-être même pour le plaisir…

La matinée s'écoula doucettement, les commerçants, futurs clients ou simples curieux, plongeaient des regards dans la salle. La jeune femme souriait à tous, saluait, discutait.

À onze heures tout était prêt. Gustave s'accorda une pause.

– Un petit pastis ? Pour se désaltérer, hein ?

Elle hocha la tête, souriante.

– Volontiers, mais alors léger ! Je dois voir la Vierge de la Garde à travers !

Enfin, les premiers vrais clients arrivèrent.

Pauline avait prévu de grandes tables, très larges, et des bancs. Un genre de cantine, quoi.

Pauline et Gustave se regardèrent, se sourirent, puis d'un commun accord l'un fila en cuisine pendant que l'autre allait expliquer le principe du restaurant.

Gustave, prêt derrière ses fourneaux, entendait la jeune patronne argumenter avec cette ferveur, cet enthousiasme qui le ravissait tant.

– Un seul menu, oui. Mais notre cuisinier est vraiment un grand chef ! Vous allez voir ce que vous allez voir ! Un repas très simple mais réellement parfait !

– Moi, ça me tente bien.

Elle cria en direction de la cuisine…

– Chef ! Deux menus, deux !

Il sourit pour lui et chuchota :

– Oui, mon amour, ma nine, ma moune… Deux menus, deux !

Ding !

– Bonjour la compagnie ! On peut manger, c'est l'heure ?

La matinée fut vraiment très chargée. Lorsque vers quatre heures ils se retrouvèrent volets tirés, vaisselle faite, serpillière passée sur les mallons avec la pigeonne, le dos tirait…

– Ouf ! Je suis cuite ! Je suis escagassée, lessivée, estramassée ! Bref, morte.

Gustave l'observait en souriant. Le chignon en bataille, son mascara, appliqué pourtant avec parcimonie, avait un peu coulé. Charmante.

– Vous avez drôlement bien assuré ! Un vrai chef ! Quelle efficacité ! Monsieur le sous-sous-préfet m'a même dit : "Mais combien sont-ils donc en cuisine ?"

Gustave rougit sous le compliment. Il avait eu un peu chaud aux fesses. Bien trop de clients ! Mais, comme par miracle, au moment où ils allaient être en rupture de provisions, le flot s'était miraculeusement interrompu…

– Vos parents sont tout à fait charmants, dit-il.

C'est vrai, il les avait bien appréciés. Elle les lui avait amenés en cuisine, pour lui présenter. Des gens cultivés, intelligents mais très simples. Minces tous les deux, lui avec une calvitie distinguée, elle portant un manteau de fourrure et environnée d'un nuage de parfum de luxe. Elle l'avait embrassé sans façon sur les joues.

– L'associé de Pauline est de la famille. Je suis enchantée du choix qu'elle a fait, je vous trouve formidable. Mais ça ne m'étonne pas de ma petite fille.

Pourtant, un événement torturait Gustave et il fallait qu'il en parle.

– Pauline ?

C'était la première fois qu'il prononçait son prénom et ça lui plut. Elle aussi visiblement, car elle le regardait, savourant cet instant.

– Oui… Gustave ?

– Je sais que ça ne me concerne pas du tout, mais il faut que je vous en parle. Dans la matinée, je vous ai vue parler avec un homme…

Fatche ! Il n'aimait pas ça du tout.

– Un homme ? Comment ça ?

– Oui. En fait, c'est quelqu'un que je sais être…

Alphonse Turdieu ! Il était revenu, l'enfoiré. Et Gustave l'avait vu saisir la main de la jeune femme, qui riait de sa familiarité. Il avait failli devenir complètement fou. Elle avait traîné l'homme aux yeux jaunes en cuisine et le lui avait présenté. Ils s'étaient serré la main. Une main molle et transpirante, comme il se souvenait. Tout ce qu'il détestait ! Le salopard n'avait d'yeux que pour la belle demoiselle Espérandieu et ne leva pas le regard sur Gustave.

– Vous savez, celui que vous m'avez amené à la cuisine… Un mec avec un regard étrange.

– Ah ! Alphonse. Oui, oui !

– Je voulais vous dire que ça me déconcentre beaucoup…

– Ça vous déconcentre beaucoup ?

Elle n'y comprenait rien du tout.

– Je veux dire que je n'aime pas ça, quelqu'un dans ma cuisine. Surtout ce type.

Elle sembla lui donner raison.

– C'est vrai qu'il n'est pas très agréable. Mais c'est le sous-sous-préfet, alors…

Avec un grand sourire, elle haussa les épaules pour lui prouver qu'au fond elle s'en foutait.

– Mais si ça vous contrarie, je vous promets de ne plus jamais emmener de touristes en mal d'exotisme dans votre cuisine sacrée.

– Je vous en remercie énormément. J'avais aussi l'impression que ce… Alphonse, c'est ça ?

Hochement de tête intrigué.

– Vous sembliez bien proches, tout de même. Comme si vous étiez… Je ne sais pas moi, comment le dire. Vous comprenez ?

Oui. Elle comprenait. Alors elle éclata d'un rire sonore qui soulagea immédiatement la jalousie de l'amoureux.

– Alphonse Turdieu et moi ? Vous êtes complètement fou, Gustave ! Cette figure de poupre ? Non, franchement ! Vous manquez totalement de discernement ! Et vous ne m'accordez que très peu de crédit.

Il était ravi de sa réaction, et maintenant tout gêné par sa curiosité et sa jalousie. Mais il ne regrettait pas d'avoir expurgé son cœur de ces humeurs noires, détestables.

Mais sous-sous-préfet ? L'homme qu'il haïssait le plus au monde ? Celui qui avait bien failli avoir sa peau à une erreur de dosage de ciment près !

Comment avait-il fait pour échapper à la Résistance ? Cette ordure responsable de l'envoi vers les camps de la mort de milliers de Gitans, de Juifs, de communistes, d'homosexuels ! Lui qui avait signé le putain de décret ! La déportation qui avait suivi la destruction du quartier de Saint-Jean, c'était également lui. Une destruction apparemment voulue par Hitler. Toutes et tous jetés brutalement dans des wagons pendant que les soldats allemands faisaient sauter leurs immeubles ! Mais Gustave connaissait des vieilles familles marseillaises qui avaient été plus que ravies de la décision allemande, les accords secrets pour mettre à la rue des milliers de petits propriétaires permettant ainsi à une banque franco-allemande et à quelques promoteurs marseillais sans cœur de gagner beaucoup. Pour eux, la guerre était une aubaine.

Mais lui, ces images le hantaient.

Oh, il ne se dédouanait absolument pas, il savait qu'il avait eu sa responsabilité. Et qu'il n'avait pas fini de payer.

Les visages d'angoisse, les gestes ébauchés, les refus.

Comme cette petite fille, dont les yeux noirs, profonds, liquides regardaient avec frayeur tous ces hommes en uniforme qui l'entouraient, criaient des ordres, faisaient claquer leurs bottes. C'était des gendarmes français qui étaient chargés de la sale besogne. Aidés, il est vrai, par des malfrats comme lui. Toujours il en porterait la responsabilité. Toujours !

La petite fille pleurait et il s'était arrêté une seconde de faire le con, car, à l'époque, pour engourdir sa conscience, pour se protéger, il riait et faisait rire, il était doué pour ça. Là, devant ce regard innocent qui souffrait, et sachant que ce n'était qu'un début, que le reste serait beaucoup plus cruel, plus ignoble, il n'avait pas pu faire autrement que de voir enfin ce qu'il refusait de voir depuis le début de la guerre. Depuis le jour où il avait choisi ce côté du monde, celui du mal. Ses yeux innocents ne le quittaient plus.

Il s'était penché vers elle et lui avait donné son mouchoir blanc pour s'essuyer les yeux.

– Allons, il ne faut pas pleurer ainsi, mademoiselle. Une grande fille comme vous. Et belle, hein ! Comme le jour. Je n'ai jamais vu ça, moi ! Vous devez bien avoir… Voyons… Dans les dix-huit ans, non ?

Séduite par la surévaluation, elle avait bombé le torse en reniflant.

– Ze ne pleure pas du tout ! Z'ai pas dix-huit ans et…

Les larmes jaillirent de nouveau, comme la lave d'un volcan.

– …Ze veux ma maman ! Quand est-ce que ze reverrai ma maman ? Et où elle est ? Ze veux rentrer dans ma maison à moi…

Gustave savait bien que la fillette partait pour un voyage dont on ne revenait pas.

Il avait pris la main de la petite et l'avait étourdie sous les paroles lénifiantes, celles que l'on réserve justement aux enfants.

– Viens avec moi, viens et arrête de pleurer, nous allons bien voir comment je vais pouvoir te trouver un beau sucre d'orge. Tu sais que t'as un très joli manteau ? Où l'as-tu donc acheté ? Dans la rue de la République, c'est ça ? Tu l'aimes bien le sucre d'orge ?

Fièrement, elle avait répondu :

– Ze ne sais pas ce que c'est, moi !

Eh oui, la guerre !

– Et mon manteau, on me l'a pas acheté. C'est mon papa qui me l'a cousu. Parce que mon papa, c'est le meilleur tailleur de tout Marseille, et même du monde !

Ses yeux brillaient d'orgueil. Fatche de con ! Il fallait la sortir de là, il ne pouvait pas faire autrement. Les gendarmes les avaient laissés passer – Gustave avait le brassard, un sauf-conduit très efficace. La sortie des hangars était derrière eux, ils longeaient la mer. Qu'est-ce qu'il allait bien pouvoir faire de cette gamine ? Quelle mélasse !

La petite fille s'était tue, obnubilée par la promesse de ce sucre qu'elle ne connaissait pas. Le jeune cacou avait une bonne amie qui pourrait certainement la planquer. Une qui avait une envie terrible d'enfants et qui finalement n'avait pas pu. Cette femme saurait certainement l'aimer et remplacer sa mère. Et puis, à son âge, on guérissait de tout. Il pensait qu'il pourrait la sauver.

Il y eut un coup de frein brutal devant eux.

– Halte !

D'une traction noire, Turdieu était descendu, suivi de près par un soldat allemand. Il s'était approché de Gustave, qui le voyait pour la première fois, et de la fillette. Il avait regardé celle-ci et surtout l'étoile jaune qu'elle portait, cousue sur son joli petit manteau à carreaux.

– Une youpine ! Qu'est-ce qu'elle fait là, hein ?

Son regard jaune dévisageait Gustave. Il l'avait soutenu sans broncher. C'était une époque où il n'avait peur de rien, ni de dégun. L'autre avait insisté lourdement.

– Où allez-vous comme ça ? Où l'emmenez-vous, hein ?

– Faire pipi. Cette enfant a sa pudeur... Nous cherchons un petit coin. Et je crois que par là-bas, nous allons...

Il était content de son mensonge. Il allait faire marron l'enfoiré habillé de cuir. La colère de l'homme l'interrompit.

– Vous vous foutez de moi ?

Il se tourna vers le soldat, qui glandait, un peu plus loin.

– Emmenez-moi cette ordure de youpine avec les autres ! Raoust ! Tout de suite !

La petite fille avait pointé Turdieu du doigt :

– Toi, ze t'aime pas du tout ! T'es pas zentil !

Le policier avait levé la main sur elle, mais Gustave s'était interposé, le défiant du regard.

Hurlement au soldat qui s'affolait.

– Emmenez-moi ça, je vous dis ! Tout de suite !

Le jeune homme n'avait rien pu faire. La tête tournée vers Gustave, la petite fille l'avait regardé avec ses yeux suppliants, jusqu'à ce qu'elle disparaisse dans le centre de tri, au rendez-vous avec la mort. Au moment exact où elle sortit définitivement de sa vie, il eut l'impression d'avoir un trou dans la poitrine.

Il aurait certainement dû… Il aurait pu… Il n'empêche… Le trou ne s'était jamais refermé.

La con de Manon ! Là, dans la cuisine du Restaurant du peuple, ses poings se serraient jusqu'au sang. Pourquoi et comment croire à cette société qui protégeait des monstres pareils ?

Comment ce manjiapan avait-il pu trouver quelqu'un pour laver entièrement son ardoise ? Blanchi de tous ses crimes, il paradait aux côtés des cols blancs, du maire, embrassait la main de Pauline, comme un bon bourgeois fort de son droit, de son pouvoir, comptant sur les hommes de valeur et de probité de la cité.

Gustave voyait rouge, des idées de meurtre passaient dans sa tête.

Il respira profondément. Il ne fallait pas qu'il oublie qu'il avait changé, il ne pouvait plus raisonner comme avant. Il s'obligea à desserrer les poings, à ouvrir ses mains, qu'il regarda, songeur.

15

La première journée avait été un franc succès, mais aucun pauvre parmi les clients. Non ! Que des amis de Pauline, des parents, les officiels.

Et le lendemain midi, idem.

C'est seulement au bout d'une semaine entière que la population des consommateurs commença à changer.

Les hommes en premier surgirent, sentinelles du royaume de la misère. Seuls la plupart du temps, ils entraient le regard fuyant, la tête baissée, comme honteux, déracinés par la guerre et les coups bas de la vie. Des gens de différents coins de France et du reste du monde, dont la famille avait été décimée d'un coup par la camarde. Des éclopés aussi, des blessés, des déportés, des travailleurs du STO. Il y avait même un Allemand qui ne voulait pas rentrer chez lui, tant il avait été ébranlé d'apprendre les atrocités commises dans les camps de la mort. Celui-là l'avait échappé belle ! Il avait fallu que Pauline gueule un bon coup pour qu'il ne se fasse pas écharper par des soi-disant résistants qui avaient reconnu son accent. Quand Gustave avait entendu l'engatse, il était sorti menaçant de sa cuisine, les poings tout faits. Mais c'était inutile, Pauline avait foutu dehors les deux ivrognes qui se prenaient pour des vengeurs, toute seule.

Et puis un jour, le premier couple de pauvres gens était venu, complètement dévariés. Des gens âgés dont les enfants étaient morts dans le bombardement américain du 27 mai 1944. Parmi les mille sept cent cinquante-deux victimes écrasées sous les bombes alliées.

Ensuite, une femme, dont le mari avait disparu, avec ses deux petits. Cette famille était revenue tous les jours... Puis une autre, et encore une autre. C'était parti !

Pendant près de six mois, il y eut encore quelques snobs, des radins ou les deux qui vinrent comme ça, pour voir, pour manger presque à l'œil ou pour se marrer. Et puis ce fut terminé. La clientèle pour laquelle ils avaient ouvert était enfin là, meurtrie et affamée. Il avait fallu un an.

Le Restaurant du peuple tournait à plein régime.

Petit à petit, les erreurs du début, rupture de stock ou trop grande quantité, fournisseurs indélicats ou peu fiables, ne se reproduisaient plus, maintenant tout fonctionnait parfaitement.

Un jour, Pauline était entrée en compagnie d'un tout jeune homme au visage anguleux.

– Gustave, je te présente Titin.

Avec timidité, le jeune homme lui tendit une main un peu tremblante. Le chef cuisinier la serra rapidement, il était en plein travail, et jeta un bref coup d'œil interrogateur à sa patronne.

– Il cherche du travail. C'est un chanteur. Pour payer ses études de musique, il doit trouver un emploi.

La plonge, c'était le gros problème. Le service, ça allait encore, avec Pauline ; la cuisine, ça roulait. Mais la plonge prenait un temps fou et empêchait Gus de peindre. Il s'en était ouvert à Pauline, qui avait apparemment trouvé la solution.

Il dévisagea le jeune homme qui le regardait, suppliant. Il voulait bien lui faire plaisir, mais il ne fallait pas se planter : il allait vivre avec lui tous les matins de la semaine. S'il tombait sur un boucan noir, ça serait terrible.

Avenant, grand et mince, mais craintif (on le sentait à la position de ses épaules complètement tirées en arrière), son regard était bien franc, droit.

– Tu as déjà travaillé dans un restaurant, Titin ?

Le chanteur secoua la tête. Il était honnête.

– Bon. Et qu'est-ce que tu chantes ?

Intimidé, le gamin avait chuchoté :

– Du Verdi.

Gus aimait bien Verdi, c'était même son compositeur préféré.

Avant, dans l'autre temps, il allait souvent à l'Opéra, parce qu'il aimait la musique et aussi parce que c'était le quartier des mauvais garçons. C'était là qu'ils se retrouvaient en bande pour préparer leurs coups ou boire l'apéritif. Ou pour parader dans leurs nouveaux costumes, ou leurs dernières bagnoles à la mode. Pour bouffonner, quoi !

– Verdi ? Alors ça ira. Mais il va falloir que tu relèves tes manches, tu sais, Titin, c'est pas pour de rire, ce travail !

– Je suis consciencieux et laborieux, je vous assure.

– Ça ! On ne devient pas chanteur lyrique en étant glandeur, c'est bien vrai !

Le jeune Titin démarra le jour même, et Gustave put retourner peindre à la cure, retrouver des moments avec Justin, presque comme avant.

16

Un jour, vers les deux heures, au moment où tout se calmait, où les derniers clients venaient de partir, la porte tinta. Gustave entendit une voix qu'il connaissait négocier un repas. Les intonations, le rythme des paroles n'avaient pas changé, mais quelque chose n'allait pas. Une fêlure, un déraillement. Étrange. La voix féminine, avinée, se chamaillait avec un homme.

– Nan, j'veux pas !

Un accent du nord de la France à couper au couteau. Gustave frémit. Édith !

– Tu vas pas m'emmouscailler longtemps, moi j'te le dis mon gars… J'veux être tranquil'bich en arpa !

Il ne comprit pas ce que l'homme répondit, car sa voix était beaucoup plus basse. Celle de Pauline, malicieuse, intervint et proposa le repas. Comme Gustave n'entendait plus rien de la conversation, il attendit que cette dernière revienne en cuisine pour lui demander qui étaient ces clients.

– Un couple.

Il n'insista pas, mais, dès qu'il put, il sortit une tête pour voir.

Nom de Dieu ! Elle avait bien changé ! Où était l'opulente Strasbourgeoise aux beaux yeux qui avait partagé tant de choses avec lui. Son lit, bien sûr, et tous les bons et mauvais coups. Pendant la guerre, Gustave l'avait totalement perdue de vue. Mais il avait appris qu'elle vivait plus ou moins avec un officier supérieur allemand dont elle était éperdument amoureuse.

Elle portait maintenant de vieilles hardes dans lesquelles on reconnaissait encore le beau manteau de zibeline qu'elle arborait avec ostentation dans les bals de la Wehrmacht. Aujourd'hui, le vêtement était vieux, avachi, taché. Par chance, elle se disputa avec son compagnon qui sortit du restaurant en grommelant qu'elle n'était qu'un tron de l'er, un sacré boucan ! Gustave renvoya gentiment Titin le plongeur et, mine de rien, se proposa de fermer seul la boutique. Pauline, fatiguée, accepta bien volontiers.

Il passa la tête pour apercevoir son ancienne maîtresse se tirer en douce du restaurant sans payer. Il sourit tristement, enleva vivement son tablier et enfila rapidement son manteau. Il fit sauter le crochet qui maintenait le volet en métal, qui descendit avec un bruit d'enfer. Gustave n'attendit pas de le voir finir sa course et prit en courant la direction qu'avait empruntée la femme.

Elle n'avait pas pu aller très loin, pas avec la hauteur invraisemblable de ses talons. Au grand jour, elle paraissait encore plus miteuse. L'apercevant, elle hâta son pas d'échassier ridicule. Gustave ne put s'empêcher d'avoir le cœur serré devant le spectacle pitoyable de sa déchéance.

– Ho ! Madame !

Elle tressaillit et se mit pratiquement à courir.

– Madame, ho ! Madame !

Voyant qu'elle ne se retournait pas, il l'interpella :

– Édith, enfin merde, où cours-tu comme ça ?

La silhouette s'arrêta brutalement. Ils étaient dans une petite rue en pente, celle aboutissant sur le pont, qui traversait le cours Lieutaud. Gustave, essoufflé, arriva enfin derrière elle.

– Édith, fatche !

Alors, d'un bloc, elle se retourna.

Il eut brusquement froid. Il distinguait très nettement la folie dans les yeux d'Édith, ses yeux bleu acier, toujours beaux mais qui ne fixaient plus les êtres. Ils allaient et venaient dans une douleur incroyable, un monde qui n'appartenait à dégun. Elle avait terriblement fondu, et ses formes qui faisaient l'envie de toutes les autres femmes s'étaient comme affaissées. Elle n'était plus que l'esquisse de la femme magnifique qu'elle avait été. Ses mains toutes tavelées, gercées, les ongles cassés et noirs.

Gustave gémit :

– Merde, putain ! Édith ! La con de Manon, mais qu'est-ce qui s'est passé ?

Elle ne le reconnaissait toujours pas.

– Qui qu't'es toi, mon gars ?

– C'est moi.

Un moment, il lui sembla que le voile allait enfin se déchirer, mais non, ses yeux continuaient leur danse folle.

– Je ne paierai pas, non ! J'suis une dame !

Elle s'énervait de plus en plus.

– Non, non, non ! J'veux pas payer ! Et lâchez-moi l'bras sinon je crie !

Il essaya gentiment de la calmer.

– D'accord, je ne vous ferai pas payer, d'accord. Regardez, je vous lâche. Édith, Édith, tu ne me reconnais pas ? Je t'en prie ! Enfin, voyons… C'est moi, Gustave. Gus.

Les yeux d'Edith s'arrêtèrent un instant sur le visage devant elle. Puis elle haussa les épaules, méprisante, hautaine.

– Non.

– Non ?

– Non. Tu n'es pas Gustave. Gustave…

Elle se délectait du nom.

– …Gustave, c'est pas pareil. C'était un vrai prince. Oui, un prince de sang… Mon prince. Il était beau, bien sûr, mais c'est pas ça encore : il était tellement… tellement prince. C'était avant…

Et sans que rien ne le laisse prévoir, des larmes jaillirent et se mirent à couler. Gustave la prit doucement dans ses bras et elle se laissa aller. Il la berça.

Petit à petit, il lui arracha les mots qui la détruisaient. Peu avant la fin de la guerre, son amant avait été envoyé sur le front de l'Est se faire tuer pour la plus grande gloire du Troisième Reich. Désespérée, elle avait cependant réussi à se carapater à Aubagne. Le jour même de la libération de Marseille, elle fut dénoncée par de bons Français délateurs. Pensez comme le crime dont on l'accusait était monstrueux ! Oui, il l'était, assurément. Elle avait couché avec un Allemand, on disait boche. Les trois hommes qui la ramenèrent à Marseille pour y être jetée en prison s'arrêtèrent en chemin et la violèrent sur le bord de la route. Chacun à son tour et de toutes les façons que la perversité des humains avait inventées.

– Elle est bonne, la salope ! Y a pas de raison que ce soit que les vert-de-gris qui en profitent et pas les bons Français !

Après, n'ayant pas la reconnaissance du bas-ventre, ils la livrèrent à la foule avide des revanchards. Devant tout le monde, des hommes, des femmes, des enfants, on la tondit, on lui cracha sauvagement au visage, on allait la lapider. Une famille pauvre de pêcheurs lui sauva la peau. C'est ainsi. Les pauvres sont presque toujours plus miséricordieux que les riches.

L'argent rendait les cœurs plus secs.

Mais le mal était fait, la folie l'avait rattrapée.

Complètement abattu, Gustave accompagna la quasi-clocharde jusqu'au Panier. Le couple qui avait recueilli son ancienne maîtresse habitait la rue Caisserie. Pour y arriver, ils durent escalader des parpaings, passer des murs écroulés, la rue se reconstruisait doucement.

Il leur laissa tout ce qu'il avait sur lui, quelques billets, et, par la suite, chaque mois, leur apporta une enveloppe avec une bonne partie de son salaire de cuisinier.

Non, du passé, on ne pouvait faire table rase.

Justin respirait. Il avait enfin trouvé la solution.

– Je commençais à m'inquiéter sérieusement, tu sais ! Surtout que je dois m'absenter bientôt. Je vais à Rome faire un devis pour la restauration d'un tableau à la demande du Vatican. Je vais te laisser tout seul. J'espère qu'il n'y aura pas de gros coup dur en mon absence.

Mais évidemment, comme on aurait pu le prévoir, c'est précisément le jour où le curé prit le train qu'une catastrophe se produisit. Au moment même où Gustave s'apprêtait à passer devant la cure pour aller faire sa sieste dans l'atelier, un des chanoines, complètement affolé, l'interpella. Il y avait trois chanoines à la cure. Deux étaient ombrageux et hautains, le troisième, le plus jeune, beaucoup plus sociable, gentil, souriant, normal. Ces derniers temps, lui et Gustave, qui faisait désormais partie du paysage, échangeaient des opinions paisibles sur la peinture de la Renaissance. Le cacou marseillais avait appris à masquer son accent et, une nuit où Gustave n'avait pas sommeil, ils avaient même posément bavardé, assis sur le parapet, devant Marseille étalé à leurs pieds. C'est souvent ainsi, quand on contemple ensemble une œuvre d'art, un beau paysage ou une jolie femme, qu'on devient complices, que naît un sentiment de compagnonnage…

Mais aujourd'hui, le moine n'était plus en pleine possession de ses moyens, il était tout chaviré :

– Non ! Ce n'est vraiment pas un bon jour ! C'est un cataclysme épouvantable, un malheur effroyable !

– Que se passe-t-il donc ?

L'autre levait les bras en l'air comme pour implorer le ciel et agitait ses mains de façon hystérique, comme si une substance indésirable s'y était collée.

– Il m'a échappé ! Saleté de mains ! Je ne les contrôle plus !

Il cogna alors violemment ses deux mains à plat contre le mur de pierre. Gustave était frappé par la culpabilité du curé qui maintenant grondait ses mains comme deux enfants qui auraient fait une très grosse bêtise.

– Bon, ça suffit maintenant, intervint Gustave. Il faut me dire ce qu'il y a, parce que je ne vous comprends pas.

L'homme posa ses mains sur ses yeux.

– C'est terrible, terrible ! J'ai laissé échapper par inadvertance l'ex-voto envoyé par l'archevêché de New York. Nous l'avons reçu hier, par la valise diplomatique !

Il gémit terriblement, presque en larmes !

– C'est une châsse sacrée contenant les restes d'un saint homme. Un coin est abîmé. Je ne peux la remettre en place ! Et pensez que demain après-midi vient le consul des États-Unis et tous les attachés d'ambassade, les consuls irlandais et anglais, avec Monsieur le maire... et les autres élus marseillais. Tout ça uniquement pour la remise officielle de cet objet sacré... Je suis perdu !

Gustave lui tapota le dos pour le calmer.

– Allons, allons, ne dramatisez pas. Faites-moi voir ça. Je peux peut-être faire quelque chose.

Une lueur d'espoir et de reconnaissance brilla dans l'œil du jeune religieux.

– Oh, si vous pouviez…

Le petit curé l'emmena dans une pièce obscure où l'on entreposait les documents officiels. La comptabilité de la cure, quoi. Des classeurs, proprement rangés en hauteur. L'endroit était austère comme un bureau de fonctionnaire, ou de notaire. Sur un meuble, une boîte était posée, le socle, large d'au moins dix centimètres, en chêne noirci par l'âge et les encaustiques ornementé d'or, de vermeil et d'argent. Çà et là, quelques pierres de grande valeur étaient incrustées, émeraudes, rubis, topazes, turquoises, citrines, rajoutant encore au côté rococo de la châsse. Dessus, à plat, sous une armature en verre, un long bout d'os jauni par le temps.

Au regard interrogateur de Gustave, le chanoine précisa :

– Le tibia de saint Patrick, le vrai.

Gus ne fit pas de commentaires, mais il n'en pensa pas moins. Saint Patrick ! Et puis quoi encore ! Il paraît que les Turcs ont un poil de Mahomet à Topkapi, sur les hauteurs d'Istanbul !

Il regarda avec attention le bout de chêne qui avait sauté. C'était loin d'être catastrophique et facilement réparable.

Il sourit en pensant qu'avant, quand il était encore un cacou de la Martiale, il se serait certainement barré avec l'or, les pierreries, et l'os aurait fini dans une poubelle du quartier ou bouffé par un chien affamé. Et maintenant, il rendait des services aux curés !

– Bon, ne vous inquiétez surtout pas. Je vous la rapporterai… Euh… demain matin, avant d'aller… Avant les matines. Vous verrez, elle sera comme neuve.

Il emporta sous le bras la châsse et attendit que le jeune moine disparaisse avant de grimper dans la Vierge de la Garde.

Une fois dans l'atelier, en haut, il posa l'objet sur sa table de travail. Puis il accrocha son hamac et se coucha tranquillement.

En sentant ses yeux se fermer, il ne put s'empêcher de grommeler en souriant :

– Saint Patrick ! Fan de Chine !

Avant de s'endormir, il remarqua un clou qui dépassait de la boîte en bois. Il croyait que tout était collé.

Alors, pourquoi un clou ?

17

Il se réveilla à peine une heure plus tard avec l'impression que quelque chose n'allait pas. Souvent, pendant son sommeil, la solution des petits problèmes posés par la restauration d'ex-voto ou autres tableaux lui venaient. Cet après-midi-là, sa sieste avait été abîmée par un morceau de fer qui n'aurait pas dû se trouver là où il se trouvait.

Il saisit la boîte à outils de Justin, déposée sous la table, et avec une tenaille enleva le clou, qui vint tout seul, de la précieuse boîte.

C'était tout simplement un clou de vitrier sans tête. Sous le choc, il avait été chassé de son habitacle, sans cela il était entièrement indécelable. Gustave prit une loupe et observa minutieusement le trou fait par le clou. Vraiment minuscule ! Sur le côté, il remarqua également une mince jointure. Presque impossible à voir. À peine un fil très fin.

Il trouva dans les outils de Justin une lame de rasoir avec un manche, utilisée comme grattoir par son ami. Au bout d'un long moment, il arriva enfin à poser la pointe de la lame contre la jointure. En faisant jouer précautionneusement le stylet, il s'aperçut que c'était en fait une planche épaisse qui fermait complètement l'arrière de l'objet religieux.

– Ça alors ! Je me demande bien ce que ça camoufle…

Sans doute rien, mais il était curieux. Une cachette dissimulée sous le tibia ? Il repéra alors un autre clou qui, lui, tenait encore. Son extrémité était masquée par de la cire ou de la pâte à bois. Sans doute, depuis le temps, les servantes de l'Église avaient rajouté des couches successives de graisse, le dissimulant à jamais.

Mais cette explication ne le satisfaisait pas encore. La petite partie qu'il avait réussi à faire sauter n'était pas aussi ancienne que le reste de la boîte, et les clous n'étaient pas anciens non plus.

Ça l'intriguait de plus en plus.

– Ce qui est sûr et certain, c'est qu'il y a quelque chose là-dedans de pas bien catholique !

Il déplaça la partie de bois qui avait perdu son clou, la porte s'ouvrit. Le volume était entièrement occupé par une épaisse enveloppe rectangulaire.

Un cachet fermait le rabat : deux aigles fiers tenant un drapeau entre leurs serres. Il soupesa le paquet. Compact et lourd.

Il glissa la lame aiguisée sous le rabat et, doucement, centimètre par centimètre, le décolla.

– C'est bien le diable si je ne suis pas capable de le remettre en place sans que quiconque sans aperçoive, c'est mon nouveau métier après tout !

Mais son sourire se figea. Des billets verts s'échappaient de l'enveloppe. Des liasses épaisses de dollars. Des billets de dix, faciles à écouler.

Gustave les sortit et se mit à les compter. Trois mille billets usagés, parfaitement rangés et serrés par des rubans multicolores.

Il murmura, esbaudi :

– Banco !

Avec ça, il allait pouvoir se refaire une vie, partir ailleurs, là où il serait inconnu. Un pays où il pourrait arrêter de se cacher.

– Enfin, un peu de bol ! Finie la scoumougne.

Mais il fallait avant tout qu'il parle à Pauline, il ne pouvait plus contourner le problème comme un minot. Soit elle le comprenait maintenant, soit elle ne pourrait jamais le comprendre…

Pas une seconde il ne pensa à rendre l'argent. C'était à lui ! Le butin d'une magouille quelconque ! C'était sûr et certain ! Un hold-up, un trafic. De toute façon, voler un voleur n'était pas vraiment du vol, n'est-ce pas ?

La mentalité des voyous ! Tous les codes pittoresques qui couraient sur l'honneur des malfrats ? Des couillonnades ! La fascination qu'exerçait le milieu sur quelques journalistes et écrivaillons l'avait toujours amusé. Les autres, ceux qui le connaissaient réellement, savaient et se tenaient loin de ce folklore.

Il pensait maintenant à sa belle voiture, aux voies empruntées à toute allure avec sa fameuse et aimée 15. Monsieur Citroën avait bien fait d'adapter ce cardan utilisé à l'origine sur les bateaux pour garder les lampes à huile et les boussoles droites malgré le roulis. La traction avant avait bouleversé toutes les lois régissant l'ingénierie de l'automobile pour aboutir à ces merveilles de mécanique cachées sous la belle robe racée. La plus rapide des voitures de grand tourisme ! Une sacrée bagnole qui quillait tout le monde. D'ailleurs, ce n'était pas pour rien que le milieu l'avait adoptée, et en premier le gang des tractions qui mettait la France à sac depuis la fin de la guerre. Aucun flic n'arrivait plus à leur coller au cul. Celle de Gustave était grise. Un gris élégant laissant imaginer un conducteur cultivé, aisé. Un fin de race, un fils de bonne famille qui claquait son oseille comme ça, sans réfléchir ! Une liasse dans la poche attachée avec une épingle à cravate, fumant des Américaines à bouts filtres, aux pieds, des souliers anglais cousus main… Il avait dû la faire repeindre quand il avait été recruté aux Baumettes par Carbone. Le gris classieux n'avait pas la faveur de messieurs les Allemands, qui préféraient nettement le noir.

Peut-être était-ce à cause de sa traction avant, pour pouvoir la garder malgré les restrictions de la guerre, qu'il n'avait pas choisi la Résistance ?

La scoumougne.

Mais plus aujourd'hui.

Une chose le troublait pourtant, c'était le cachet avec l'inscription américaine. Le fait que la châsse arrive des États-Unis indiquait que l'engambi venait de là-bas. Une embrouille internationale.

Et puis…

– Fan de chichourle, Pauline !

Il ne savait pas comment allait réagir la jeune fille. Sa personnalité profonde, son honnêteté foncière, intrinsèque, farouche. Sa conscience pure comme un lac de printemps dans un petit matin. Elle allait certainement être scandalisée par son geste de vrai mafalou des bas-fonds de la Martiale. N'allait-il pas gâcher irrémédiablement ses chances avec celle qui lui enraguait tant le cœur en agissant ainsi ?

À moins qu'il ne répare le coffiot en laissant gentiment tout dedans. Ni vu ni connu, la vie continue. Mais en restant humble cuisinier, pouvait-il réellement la séduire ? Sans compter que, de toute façon, un jour ou l'autre, les condés ou les malfrats risquaient de lui tomber dessus !

Il frissonna.

Finir en prison ou rouler dans le caniveau, deux balles dans le teston… Ou même pis, mettre la vie de sa belle en danger ! Le dilemme était d'importance et méritait qu'on l'envisage très sérieusement. Il y pensa tellement, que, une fois le coffre réparé, l'argent remis à sa place, il n'arriva pas à trouver le sommeil. Il tournait et virait dans le hamac. Il savait pourtant que la journée du lendemain allait être très compliquée et qu'il était absolument nécessaire qu'il se repose. Mais il ne le pouvait plus.

18

Quand le soleil se leva, il n'avait pas fermé l'œil de la nuit. En fait, voyant l'insomnie le gagner, il avait préféré peindre jusqu'au petit matin.

Il avait ressorti le portrait de Pauline, toujours pas fini tellement le sujet le passionnait.

Il avait vu et entendu les heures tourner, tic-tac, tic-tac, tic-tac... Et lorsque ce fut le moment, il se lava et se prépara pour partir au restaurant. Il avait pris sa décision et se sentait étrangement soulagé.

– Je m'en vais leur rendre leur putain de coffret avec leur saleté de pognon dedans. Tant pis pour moi si Pauline ne me calcule pas et qu'elle se marie avec un bourgeois de la rue Saint-Ferréol !

Et puis, qui sait ? Autant pouvait-il la séduire par la gentillesse... Gustave espérait bien qu'elle était imperméable aux valeurs de commerçant qui avaient cours dans les quartiers chics de la capitale méditerranéenne.

Il essayait de s'en persuader, en tout cas.

– Elle s'en fout bien du pognon, des honneurs. Elle, ce qu'elle veut, c'est simplement un homme qu'elle aime et qui l'aime !

Mouais… Bien sûr. Une voix lui susurra que, peut-être, ce ne serait pas obligatoirement lui qui serait concerné, mais il ne voulait pas y penser.

– Restons optimistes, con à la voile !

Et il rajouta en souriant :

– Et honnêtes. Allons rendre son trésor au petit chanoine. Fatche, si on m'avait dit ça !

Six heures. Dégun. Six heures quinze. Toujours dégun. Dix minutes plus tard, Gustave n'y tenait plus. Il regrimpa la côte en râlant contre le retardataire.

– Tant pis, je lui donnerai cet après-midi. Un chicoulon de retard, c'est pas le bout du monde. Cette andouille va me mettre dans la merde, si ça continue. Je dois aller bosser, moi, ma patronne va me faire les gros yeux !

Une fois remonté, il replaça vivement la châsse sur la table à dessin puis fila en courant car il avait une sainte horreur du retard !

Quand il arriva devant le restaurant, Titin était déjà là qui l'attendait patiemment.

– Désolé gari, lui dit-il, mais ce n'est pas de ma faute. Trop compliqué de t'expliquer… Au travail !

Petit à petit, le plongeur était monté en grade et faisait maintenant aussi office de marmiton. Gustave s'était aperçu, au cours des mois passés ensemble, que le jeune chanteur s'intéressait à la cuisine et il avait proposé à Pauline de le former.

– S'il ne réussit pas dans le chant, au moins aura-il un métier en main ! De longue, je sens son regard sur moi quand je prépare les plats. Je suis sûr et certain que ce serait une bonne recrue. Et puis… je ne serai peut-être pas toujours là.

La jeune femme avait réagi avec une violence inhabituelle :

– Pourquoi ? Vous voulez déjà me quitter ?

Il s'était senti rougir.

– Non, non, simplement…

Sous son regard inquisiteur, il n'avait pu que murmurer :

– Je ne sais pas, moi… Vous êtes marrante, vous ! On ne sait jamais. La vie, des fois…

Elle l'avait interrompu en tranchant sèchement. Pour elle, tout était simple.

– La vie est ce qu'on en fait. Si vous voulez partir, je vous serais reconnaissante de me le dire quelques mois à l'avance pour que je puisse me retourner.

Pour la calmer, Gustave avait posé sa main sur la sienne.

– Non. Je ne veux pas partir. Excusez-moi, ce n'est absolument pas ce que je voulais dire. Je vous demandais seulement de me prêter Titin pour la cuisine, il en a très envie, je le vois bien… et ça me ferait gagner du temps.

Elle s'était radoucie et n'avait pas enlevé sa main. Chaude, vivante comme un oisillon. Le sourire avait été encore plus beau que d'habitude :

– Moi aussi je vous demande de m'excuser. Je vous ai parlé sur ce ton car je croyais que… Vous savez la place que vous avez ici. Si jamais…

C'était à son tour de rougir. Elle avait retiré doucement sa main.

– En tout cas, pour le renfort, c'est entièrement d'accord. Titin viendra le matin faire l'ouverture avec vous, et je lui donnerai un salaire complet. Je vous laisse lui faire la proposition.

Manifestement, le garçon n'attendait que ça.

Cela faisait maintenant une semaine qu'ils bossaient ensemble. Le niston s'était fait aux nouveaux horaires. Il était travailleur, ne rechignait pas à la tâche et, de temps en temps, se mettait à chanter. Il avait déjà mué et avait un joli timbre chaud.

– *Va, pensiero sull'ali dorate !*

Le *Nabucco* de Verdi prenait toujours dans ce ton juste, mais jeune, des intonations encore plus gaies. Mais c'était le plus souvent la Traviata qu'il chantait en épluchant les patates. Pourquoi en épluchant les patates ? Gustave ne lui avait pas demandé, ça faisait partie de ses petits mystères.

– *Libiamo ne' lieti calici,*
Che la bellazza infiora ;
E la fuggevol ora
S'inebrìi a voluttà.
[Buvons dans les joyeuses coupes
Que fleurit la beauté,
Et que l'heure éphémère
S'enivre de volupté.]

Au début, il chantait seul. Mais à force de l'entendre, Gustave se mit à reprendre avec lui le refrain, doucement (car il ne savait jamais s'il était juste) :

– *Ah ! Libiamo, amor fra' calici*
Più caldi baci avrà

Un beau jour, la voix rauque de Pauline se mit de la partie :

Tra voi saprò dividere
Il tempo mio giocondo ;
Tutto è follia nel mondo
Ciò che non è piacer.
[Entre vous, je saurai partager
Le temps de mon bonheur ;
Tout est folie dans ce monde
Excepté le plaisir.]

Et tous les trois en chœur :

– *Ah ! Godiamo !*
La tazza e il cantico
La abbella e il riso
In questo paradiso

Ne scopra il nuovo di.
[Ah ! Jouissons !
Le bruit des verres est un cantique
Qui embellit la nuit, et le rire,
Un paradis où se découvre
Un jour nouveau.]

Depuis, il n'était pas de jour sans qu'ils chantent un passage du célèbre opéra, le plus joué à Marseille depuis sa création. Plus de trois cents représentations. Évidemment, Gustave l'avait déjà vu.

– C'est l'histoire de *La Dame aux camélias,* hein Titin ? De Dumas, le fils ?

Titin avait une très grande culture de la musique lyrique et, une fois lancé, était absolument intarissable.

– Oui. Rappelez-vous, le chapitre XI : "Un grand linceul blanc couvrait le cadavre dont il dessinait quelques sinuosités. Ce linceul était presque complètement mangé à l'un des deux bouts, et laissait passer un pied de la morte. J'étais bien près de me trouver mal, et, à l'heure où j'écris ces lignes, le souvenir de cette scène m'apparaît encore dans son imposante réalité."

Gustave appréciait la culture précise et l'enthousiasme, la joie, le pétillant de l'adolescent. De son côté, celui-ci vouait à son chef une véritable admiration. Il fixait chacun de ses gestes, notait dans sa tête la moindre variante dans telle ou telle recette. Il ne se serait donc permis aucune réflexion, ce matin-là, sur le retard de Gustave.

– Bonjour, la belle compagnie !

Pauline entrait, amenant dans le monde âpre du travail entre hommes la touche légère, gracieuse et charnelle de la féminité. Elle préparait, rituel immuable, le café pour les deux cuisiniers. Ils déjeunaient tous ensemble de mouna qu'elle achetait en montant le cours Julien à l'Arabe qui sillonnait tout Marseille pour en vendre. Et aussi des navettes tièdes du four de Saint-Victor.

C'était pour elle que Gustave s'était résolu à abandonner le butin dans sa cachette. Pour les beaux yeux de Pauline. Et il ne voulait pas se faire d'idées, mais tout de même, on peut le dire sans vexer, eh bé, aujourd'hui, elle lui faisait des yeux de bogue ! Comme si elle éprouvait quelque chose pour lui. Mais va t-en savoir, avec les girelles ! En plus, une quasi Américaine, eh !

La vie était belle, non ? Il n'allait pas laisser passer bêtement sa chance pour une histoire de pognon ! Tout ça était fini, bien fini, terminé ! Si jamais…

Pauline demanda :

– Alors, le père Fabre est parti ?

– Oui, ça y est, je suis tout seul.

– Gustave ?

Un sourire malicieux lui remontait les coins de la bouche.

– Je me demandais… Vous ne m'avez jamais invitée chez vous. Comment est la chambre du père Fabre ? Vous dormez bien dans sa chambre, non ?

– Ah oui. Heu, non, en fait, non !

Il en oubliait que son ami se nommait Fabre, tant il était troublé par la question sans détour de Pauline. Et lui s'embrouilla, évidemment. Comment rester de marbre ? Elle attendait une réponse.

La chambre de Justin. Même s'il avait les clefs, il y avait bien longtemps qu'il ne dormait plus là-bas. Bien sûr, il aurait pu l'emmener dans l'atelier, mais il pensa au portrait qu'il avait fait d'elle et rougit violemment. Pourvu que jamais au grand jamais elle ne voit cette véritable déclaration d'amour ! Il en mourrait de honte. Il préférait s'estransiner, se dessécher sur place, plutôt que risquer de l'entendre rire du tableau, de lui et de la passion qu'il lui vouait. Jamais ! Il se rappela ce que lui avait dit un jour Justin :

– Tu sais, tant que tu seras fier comme Artaban et raide comme un piquet, tu ne seras pas vraiment libre ! La véritable liberté, c'est de savoir plier quand il le faut. Et toi, tu n'es pas près de ce résultat.

La jeune femme insistait :

– Oui, je sais ce que les célibataires laissent traîner. La vaisselle et les vêtements un peu partout. Mais moi, ce que je voudrais, c'est que vous me montriez les toiles que vous avez peintes. Le père Fabre m'en a tellement parlé !

Satané bavard ! Gustave ronchonnait intérieurement contre son ami mais répondit gentiment :

– Quand vous voulez. Demain soir, par exemple ?

– Pourquoi pas ce soir ?

Elle était pugnace, la belle galinette !

– Il faut que je fasse un peu de ménage, tout de même.

– Très bien, je n'insiste pas, demain soir, après le service ! Qu'est-ce que vous avez prévu pour ce midi ?

– On prépare une paella.

Les légumes étaient prêts, les ailes de poulet attendaient d'être jetées dans l'huile d'olive brûlante et les moules allaient être nettoyées par Titin.

Il s'occupait évidemment d'équilibrer les budgets pour que les achats ne coûtent pas plus que ce que les repas rapportaient. Et puis, il fallait rajouter trois salaires. Petits, mais quand même. Là, ce qui était cher dans le plat, c'était le safran. Parce que les moules, c'étaient des gamins qui les lui avaient apportées directement de l'Estaque. Pas très coûteuses, pardi ! Les minots étaient repartis, ravis, avec un beau billet à la main. Et Gus avait acheté des simples ailes de poulet pour la viande, à la place du lapin, qui est beaucoup plus cher.

– Les crevettes valent la peau des fesses ! On a pris des favouilles pour remplacer. En plus, moi, je préfère.

Ces petits crabes, qui devenaient rouge orangé une fois cuits, étaient bien meilleurs que les crevettes et même que toutes les langoustes du monde. Et si on avait la patience, en soupe, c'était carrément divin. D'ailleurs, il y pensait pour un repas… En tous les cas, ils donnaient à la paella une saveur incomparable. En attendant d'êtres jetées vivantes dans une casserole, puis disposées sur le riz jaune, les favouilles étaient sagement prisonnières dans un journal roulé en cornet.

Gustave les voyait bouger.

– Vous avez bien calculé, pour le prix ? On ne dépasse pas ?

– Pour qu'on culbute dans le négatif, il faudrait que presque personne ne vienne. Mais j'ai déjà reçu une réservation pour cinq.

– Une réservation ? s'étonna Pauline.

Jusqu'à ce jour, cela ne s'était encore jamais produit.

Tout à l'heure, un minot des rues, un cireur de chaussures, était venu apporter une enveloppe toute blanche. Ces nistons vivaient en bandes, et les Marseillais les utilisaient pour toutes sortes de travaux. Un célèbre nervi, que Gustave avait bien connu dans le temps, en payait même un pour porter ses armes de poing dans sa boîte de cireur en bois. Le gamin le suivait partout et personne ne se méfiait de lui. Si les condés surgissaient, hop ! ni vu ni connu, j't'embrouille ! Le malfrat n'avait jamais rien sur lui. Les flics ne fouillaient jamais les enfants.

À l'intérieur de l'enveloppe, un carton anonyme demandait de garder la table près des cuisines pour midi et demi.

Cette table était placée à l'écart du reste de la salle. C'était là qu'ils déjeunaient tous les matins avec le commis et que Pauline faisait les comptes à la fin de la journée. Un coin bien pratique. Mais cela leur sembla étrange que quelqu'un leur écrive pour la réserver.

– Sans doute des gens qui veulent être tranquilles. Bon, Titin ! Mets la viande ! Vas-y, faits rouler et gansaille bien !

Les deux garçons se remirent donc au boulot pendant que Pauline fignolait la mise en place pour midi. Au niveau service, elle s'en sortait plutôt bien, la fine galline.

Malgré la pauvreté qui s'installait, les choses se détendaient tout de même. Les hommes oubliaient leurs misères et voyaient tout simplement en face d'eux une jolie fille qui leur souriait. Dans tous les milieux, c'était toujours pareil, on voulait séduire, faire les beaux, enlever le cœur et le reste de la belle. Pauline s'en sortait toujours avec astuce et diplomatie. Et chez les pauvres, les gens étaient plutôt respectueux, contrairement aux idées reçues. Mais ça n'empêchait pas les mots, les blagues, les galéjades, l'humour agressif des Marseillais…

Gustave n'avait encore presque jamais dû intervenir. Oui, quelques poivrots qui avaient dépassé la mesure, mais rien de bien méchant.

Pauline papillonnait entre les tables, demandait des nouvelles des uns ou des autres, s'inquiétait de l'embauche sur le port ou dans le bâtiment, secteur qui repartait enfin.

Le Restaurant du peuple était devenu le pouls de la ville en mutation.

Les associations, nées de la guerre ou toutes nouvelles, assuraient la cohésion sociale indispensable dans ces années de crise. Ceux qui s'en tiraient le mieux étaient évidemment les cadres. Bien qu'ils en aient eu quelques-uns, dans le dénuement le plus total, qui dévoraient leurs assiettes comme les autres. Et sur le tas, il y en avait qui venaient même embaucher au restaurant. À l'entrée, Pauline avait mis un tableau d'annonces qu'on pouvait consulter. Pour du travail, bien sûr, mais aussi des appartements peu chers à louer, des vêtements, des souliers… Ça marchait du feu de Dieu ! Les gens traversaient la ville pour les lire et, ensuite, ils en profitaient pour rester déjeuner.

La paella était prête lorsque les personnes ayant réservé arrivèrent. Pauline les reçut aimablement et les exclamations fusèrent. Au timbre des voix, Gustave sentit le sang se retirer brusquement de son visage et un frisson le parcourut en entier.

– Pauline, je suis si heureux de vous revoir enfin !

– C'est donc vous qui m'avez envoyé cette carte mystérieuse ?

– Oui.

La voix doucereuse d'Alphonse Turdieu, surtout celle, âpre et sèche, de l'ennemi. Ils étaient donc réunis.

– Bon, Alphonse, arrête de draguer, on n'est pas là pour ça.

Cette voix. Un rappel du passé sombre. Le chef de bande qui l'avait condamné à mort, à la Libération. Guérini. Ça devait bien arriver un jour ou l'autre.

Les bordilles ! Que venaient-ils faire ici ? Ce n'était pas pour lui, sinon il serait déjà mort. Alors quoi ? Une troisième voix, presque distinguée mais incompréhensible car l'homme parlait anglais, fit un petit discours… un Anglais, ou plus sûrement un Américain, car l'accent sonnait lourd. Le nervi, un peu cérémonieusement, le présenta à Pauline.

– Mademoiselle Espérandieu, je vous présente quelqu'un qui vient du pays où vous avez vécu : monsieur Lucky Luciano.

Gustave sentit la chair de poule sur sa peau et une mauvaise sueur à son front. Il connaissait évidemment de réputation la carrière du célèbre mafieux. Sans doute Alphonse Turdieu avait trouvé dans ce restaurant une tranquillité qu'ils n'auraient pas eue ailleurs.

C'était très inquiétant.

Tout d'abord pour Pauline. Il ne faisait jamais bon fréquenter ces hommes-là. Et pour lui. Si Mémé Guérini s'apercevait de sa présence, il allait l'identifier plus sûrement que Turdieu !

Il enfonça son couvre-chef de cuisinier sur sa tête.

Pauline arrivait en trombe :

– Cinq menus du jour, cinq !

Elle aperçut Titin qui regardait Gustave avec un pli d'interrogation sur le front.

– Ho, Gustave ! Qu'est-ce qui se passe ? Y a le feu quelque part ?

Vivement, celui-ci tira la jeune femme vers lui en lui posant un doigt sur la bouche. Il chuchota à son oreille :

– Je vous en prie… Il ne se passe rien du tout.

Elle rigola et chuchota à son tour.

– Ah bon ? Eh ben, qu'est-ce que ce serait s'il se passait quelque chose ! Vous allez me faire les plats pour les clients ?

Il opina et la lâcha.

– Vas-y Titin ! Cinq salades et paellas assorties.

Et quand l'apprenti fut occupé, le dos courbé sur les assiettes, il murmura :

– Pauline, il va falloir vous montrer très attentive. Je vous expliquerai lorsque ces hommes seront partis.

Elle soupesa d'un coup d'œil sa bonne foi et hocha la tête. Il ajouta :

– Et ne vous montrez pas trop intime avec cet Alphonse Turdieu. Faites très, très attention !

Elle sourit largement, flirtant avec lui outrageusement.

– Ne vous inquiétez pas, je vous l'ai déjà dit. Ce n'est pas du tout mon genre ! Mon genre à moi, c'est un cacou très mystérieux qui se prétend artiste… Vous voyez ?

Elle s'envola en éclatant de rire.

À côté, les nervis s'étaient mis à tchatcher.

Le cuisinier, aux premières loges, entendait la conversation, car le haut de la cloison séparant la cuisine de la salle était ouvert.

Le sous-sous-préfet commençait les négociations.

– Alors, Mémé, Lucky demande : quand est-ce que tout ça démarre ?

Un quatrième homme traduisait pour l'Américain. Celui-ci, malgré sa voix douce, se montrait extrêmement directif. Il balançait les ordres, et même le gros bras marseillais semblait accepter.

– Une seconde, les gars, tout d'abord l'apéro. C'est sacré ! Y boit le pastaga, l'Amerloque ? Parce que...

Il fut sèchement remis à sa place par le traducteur, à l'accent étranger.

– M. Luciano ne prend pas de boissons locales, il désire un whisky. Par contre, il aimerait bien qu'on lui réponde. Alors ? Quand commence l'opération ? Le représentant de l'Agence est également assez pressé. N'est-ce pas ?

Là, le discours en anglais d'un cinquième homme auquel Gustave ne comprit évidemment rien. La traduction suivit immédiatement :

– La CIA désire que le syndicat se mette en place le plus tôt possible. Les Russes ont mis Marseille en coupe réglée, il faut être rapide. N'oubliez pas que la CGT a pris pied un peu partout dans les entreprises marseillaises, surtout sur le port. Et ça, vous allez avoir du mal à le contrer. Nous l'avons bien vu à Detroit ! Le problème, c'est que la France est aujourd'hui communiste ! Surtout Marseille ! Mais il nous faut un port en Méditerranée !

La voix méridionale se fit conciliante :

– C'est bon. Nous, vous savez, on attend la fraîche, dès que nous aurons reçu le pognon, eh bien...

L'homme s'interrompit car Pauline venait prendre les commandes. Au Restaurant du peuple, on ne servait que très peu d'apéritifs. L'Américain demanda en américain une marque précise de whisky. Pauline partit de son joli rire et répondit dans sa langue au malfrat d'outre-atlantique. Sa réplique devait être drôle car il y eut un rire presque général à la table.

Gustave était vert. Mais qu'est-ce qu'elle croyait ? Qu'elle pouvait flirter impunément avec des salopards pareils ?

D'autres clients entrèrent, et la jeune femme quitta la table des gangsters. Immédiatement, la réunion reprit. Turdieu rassurait :

– Oui. Je disais que de notre côté nous sommes prêts. Enfin pratiquement. Nous attendons la grande réunion pour opérer la scission. Nous avons les cadres et tout. Ce qui nous manque, c'est le nerf de la guerre. L'argent, quoi.

– Vous l'aurez dès ce soir, nous nous chargeons de le récupérer. Le problème, c'est de bien coordonner les opérations. Il ne faut pas qu'il y ait de raté, si la mairie apprend…

– Ne vous inquiétez pas de ça, ils ont bien d'autres chats à fouetter… Non, pour notre opération, c'est assez simple. Nos hommes sont déjà en place, le syndicat est complètement noyauté. Dès le début, nous allons faire scission, ils ne s'y attendent absolument pas.

– Comment allez-vous appeler le nouveau syndicat ?

– Nous avons pensé à Force ouvrière !

Un silence, puis :

– Force ouvrière ? Ouais, c'est bien.

– Eh bien, il faudrait boire maintenant à la création du nouveau mouvement ouvrier ! Nous sommes tout de même les défenseurs de la veuve et de l'orphelin !

Grands éclats de rire. On expliquait aux deux Américains le pourquoi de cette hilarité et Turdieu proposa en retour de boire à la santé du projet.

– C'est une excellente idée !

L'Américain qui tchatchait français coupa court aux libations.

– Je vous rappelle, messieurs, que tout ceci est sous le sceau du plus grand secret. Rien ne doit filtrer, jamais. Imaginez ce que pourraient donner des indiscrétions idiotes. Déjà que le gouvernement des États-Unis n'est pas bien vu à Marseille à cause de ce malheureux bombardement, une erreur tragique de nos pilotes…

Il y eut un rire.

– Une erreur tragique ? Un malheureux accident ? Merde alors ! Un lâchage de centaines de bombes en pleine ville ! Presque deux mille morts en quelques minutes ! Mince d'erreur ! Franchement… même les schleus n'ont pas réussi un coup pareil !

Il fut interrompu par l'Américain qui haussa le ton :

– Ça suffit ! Si nous n'étions pas intervenus vous parleriez russe aujourd'hui ! Comment vous dites ici ? On ne fait pas d'omelette sans casser des œufs ? Alors, voilà. Nous montons cette opération car nous avons absolument besoin de ce port. Il faut affaiblir la puissance des bolcheviks, sinon… N'oubliez pas que cette ville est déjà dirigée par un communiste.

– Oui, vous avez entièrement raison.

C'est ainsi que Gustave apprit l'existence du complot pour scinder le syndicat majoritaire de la CGT affilié au parti communiste et comment, avec la CIA et l'argent qu'elle apportait, la bande voulaient affaiblir le mouvement ouvrier.

Pendant ce temps, le restaurant s'était rempli et Gustave ne pouvait plus entendre la suite de la conversation.

Mais une petite sonnette tintait sans arrêt dans sa tête.

Bientôt, les malfrats finirent leur repas, payèrent et prirent congé. Avant de quitter l'établissement, le sous-sous-préfet traîna un peu pour rester seul avec Pauline.

– Mademoiselle Espérandieu ! Nous nous sommes vraiment régalés !

Pauline resta sérieuse. Commerçante.

– Ce n'est vraiment pas un restaurant pour vous, monsieur Turdieu. Mais c'est gentil. C'est le cuisinier qu'il faut remercier !

Il y eut un moment de flottement, mais heureusement, ça n'intéressait pas du tout l'autre qui se défila.

– Ouais. Enfin, moi, c'est plutôt vous que je veux féliciter… À ma façon.

Un silence, où Gustave imagina qu'il lui prenait encore la main.

– Comme vous le voyez, je n'hésite pas. Je vous amène des amis. Des gens importants…

Elle ne le laissa pas finir :

– Et je vous en remercie. Mais vous devriez laisser ma main un peu tranquille, car je vois que l'on m'interpelle ça et là, je me dois à mes autres clients.

L'enfoiré ne l'entendait pas de cette oreille !

– Ils peuvent attendre. Moi, ce que j'aimerais faire, c'est vous montrer un endroit bien plus prestigieux. Par exemple ce soir, je passe vous prendre…

Sèchement, elle répliqua :

– À l'an qué ven ! Les clients sont tous pareils pour moi. Et ils n'attendent pas ! Quant à m'inviter à dîner, vous vous y prenez mal, monsieur. Adieu !

– Vous avez tort de réagir comme ça, fit Turdieu, soudain menaçant. Je vais t'apprendre petite que… Tu vas voir !

– Lâchez-moi immédiatement !

Flac ! La gifle retentit dans le café et, brusquement, les bruits cessèrent.

– La con de Manon ! Espèce de petite putain, tu ne sais pas qui je suis ! Tu vas le comprendre !

Quand Gustave tourna le coin de la pièce fermant en partie la cuisine, le sous-sous-préfet avait déjà une main levée sur

Pauline. Il la lui saisit brutalement, retourna l'homme face à lui et lui envoya un direct dans le ventre. Sans attendre, son gauche le cueillit en plein dans le visage au moment où il se pliait en deux. Et là, un doublet avec une droite sur le menton. À moitié assommé, Turdieu partit en battant des bras sur le bout de table qu'il venait de quitter et s'y écroula en envoyant bouler les assiettes, les verres, les couverts. Les clients installés ne bronchaient pas, tétanisés par la violence soudaine.

La porte du restaurant se rouvrit brutalement. Et Mémé Guérini entra :

– Qu'est-ce que c'est que ce wouaille ?

Alphonse se relevait, se tenant le menton.

– Bordel, qui c'est celui-là ?

Turdieu fixait Gustave avec haine. Du sang coulait de ses lèvres fendues. Puis ses yeux s'ouvrirent démesurément :

– Merde ! C'est pas possible ! Mais… T'es pas mort, toi ?

Impuissant, Gustave regarda la bordille glisser sa main dans sa poche et en sortir un flingue noir.

Mémé lui jeta :

– Qu'est-ce que tu fais ? T'es jobi ?

Un sourire étira les lèvres blessées, l'homme pointait son flingue sur le cuisinier.

– Gus la Gamberge !

– Hein ? C'est pas possible… Tu es niasqué, Alphonse ? Il est à cinquante mètres de fond dans la fosse, en face du Frioul ! s'exclama Guérini.

Maintenant, les deux hommes scrutaient Gustave. Puis, lentement, une lueur de fou s'alluma dans les prunelles du chef marseillais.

– Bute-le ! Vas-y !

À ce moment précis, un pot de géranium bascula du haut de la demi-cloison des cuisines et fracassa l'épaule de Turdieu.

– Accidenti ! cria-t-il en lâchant son arme.

La main de Mémé ressortit armée. Cette fois, il n'y avait plus rien à faire. Gustave ferma les yeux.

Mais intrigué par le bruit, Luciano était revenu dans le restaurant et doucement fit baisser son arme à son complice, secouant la tête :

– Non.

L'autre céda.

– Ok. Tu as raison, Lucky. Viens Alphonse, nous réglerons ça plus tard ! Maintenant qu'on sait qu'il est vivant, et où il crèche…

Une fois la porte refermée derrière les truands, les clients reprirent leurs conversations presque normalement. Il y avait dans l'air juste un peu d'énervement.

Quand Gustave réintégra la cuisine, Pauline ne dit rien mais le suivit du regard. Pensive. Au moment où il passait près d'elle, sa main se leva lentement et elle lui fit une caresse douce sur la joue.

– Merci Gustave, tu es vraiment mon chevalier !

18

– Titin ?

– Oui monsieur Gustave.

– C'est toi, hein ? Le pot de fleurs…

Le jeune homme baissa la tête, dépité.

– Je l'ai loupé. J'ai chopé que l'épaule.

Le cuisinier se marra.

– Mais tu m'as tout de même sauvé la vie !

– Oh, vous savez, j'ai juste poussé le pot et espéré que tout se passe bien. Que la cible ne bouge pas et… elle a bougé. Saleté ! Sinon, je lui éclatais sa tronche de poupre.

– Je ne sais pas comment te remercier, petit.

Mais ils n'eurent pas le temps de tchatcher plus avant car les commandes reprennaient, les clients avaient toujours faim.

– Bien, on verra ça tout à l'heure…

– Ouf ! Quelle journée !

Pauline s'assit, exténuée. Gustave obligea Titin à arrêter la plonge. Il lui restait à laver l'immense poêle qui avait servi pour le plat commun.

– Je le ferai tout à l'heure. Viens boire le café.

Pauline, depuis l'incident de midi, regardait Gustave d'un œil curieux. Ils ne reparleraient pas de tout ça avant que l'apprenti parte.

– Bon, alors, je laisse la poêle…

Gustave le propulsa dehors en lui tapant sur les fesses.

– Oui, je te dis. Je m'en occupe. Et demain, ne viens qu'à neuf heures. Tu as besoin d'un peu de repos ! Tu en as fait vraiment beaucoup aujourd'hui.

– Alors, bonne fin de journée. Monsieur Gustave, patronne…

Ils répondirent en chœur :

– Merci, toi aussi Titin !

Gustave alluma, prit la manivelle et ferma la devanture qui s'abaissa panneau par panneau. Enfin, il s'assit en face de Pauline et, pour la première fois, ils furent tout proches. Elle hocha la tête et un sourire moqueur tordit sa bouche.

– Gus la Gamberge, hein ?

Il baissait les yeux, tentant de cacher une grimace. Elle lui releva le menton. Ses yeux étaient rieurs. Devant le regard malicieux, il ne pouvait pas rester sérieux. Il essaya bien de nier, mais…

– Je ne sais pas ce que cet homme voulait dire, je ne comprends pas…

Elle ne le laissa pas finir :

– Moi non plus… mais quand même, avoue… Gus la Gamberge ! Quel nom ! On dirait une blague.

C'en était peut-être une ? Ce nom dont il était si fier autrefois, aujourd'hui il le trouvait profondément ridicule. Alors, pour une raison qu'il ne comprit pas, il dit :

– Écoutez, j'aimerais bien vous expliquer. Mais pas ici. Je voudrais vous dire… Si vous voulez, je peux vous montrer une peinture.

Il voulait qu'elle voie le tableau du bossu.

Pauline ne s'attendait pas à ça.

– Oui. Je veux dire que je suis d'accord. Mais qui est Gus la Gamberge ?

– Pas maintenant. Il faut que je lave la poêle.

Quand ils sortirent enfin de l'établissement, la nuit était presque tombée. Tout à l'heure, dans la cuisine, pendant qu'elle passait la pièce sur les mallons et que Gustave nettoyait fermement les casseroles, le sentiment que tout était différent entre eux les avait submergés. Ils ne s'étaient pas parlé. Rien, pas un mot. Mais Gustave savait qu'il ne pourrait plus revenir ici. C'était fini. En tout cas pour lui.

Il ne voulait pas réfléchir plus avant, il désirait lui expliquer, lui dire qui il était réellement, surtout la mettre en garde contre ces hommes dangereux. Ou même mieux, pourquoi ne pas l'emmener avec lui en cavale ?

L'air était vif et les derniers rayons du soleil couchant frisaient encore quelques façades heureusement exposées. Ils marchaient doucement vers leur destination. Gustave avait un peu le trac.

– Si nous passions par les Catalans ?

– Si vous voulez. Nous avons le temps, je ne suis pas pressée du tout. Pour être tout à fait honnête… j'ai toute la nuit.

Le regard de Pauline était clair.

Le fort construit par Vauban était encore ouvert. Ils grimpèrent par l'ancien poste de garde, protégé par une espèce de pont-levis qui ne se levait plus depuis l'an pèbre. Arrivés en haut, ils firent une pause pour profiter de la vue sur le port que l'on distinguait aisément malgré la nuit qui tombait. À un moment, Pauline se tordit la cheville sur un caillou et se retint au bras de Gustave.

Ce bras, elle ne le lâcha plus : le résultat c'est que maintenant, ils marchaient comme des amoureux.

Des amoureux.

Les mots résonnaient avec force dans la tête de Gustave.

Ils ne parlaient pas. Ils se tenaient la main. Celle de Pauline, chaude comme un oiseau. La sienne, rude, virile, large. Une vraie main de travailleur. Ou de tueur. Qui était-il ?

Quand ils arrivèrent aux Catalans, il ne restait du soleil qu'un tout petit bout de lumière vaguement rouge, à l'ouest.

Gustave entraîna sa bien-aimée sur le chemin qu'il parcourait souvent, entre les cabanons et les belles résidences. Le vallon des Auffes, Malmousque, le vallon de la Fausse-Monnaie, le Prophète. Là, ils obliquèrent, entrèrent dans les terres et commencèrent à grimper les escaliers à pic. La lune, dans l'axe, leur permettait de voir encore la mer jusqu'en haut de la montée infernale.

Destination finale : la Vierge de la Garde.

– Où allons-nous ?

– Là-haut !

Pauline se mit carrément à cavaler en entraînant son compagnon dans une course folle, exténuante, dans ce Marseille qui, ce soir, semblait n'exister que pour eux. Sa gaieté était contagieuse et bientôt les humeurs sombres de Gustave s'envolèrent, il se sentit ivre de liberté, de joie.

– Par là, par là ! C'est un raccourci.

Le petit chemin n'était pratiquement pas utilisé, ils écrasaient des bouquets de fenouil, de thym, de romarin, de pèbre d'ail.

– Mmm, ça sent bon !

La jeune femme aussi semblait avoir bu du vin et, en vérité c'était un vin particulier dont les vignes étaient invisibles, mais dont les grappes étaient plantées dans le plaisir, l'amitié et l'amour… Un vin des dieux, un nectar !

Elle esquissa un pas de danse, légère, gracieuse.

– Attention !

Tout à coup, Gustave lui saisit la taille et la coucha sur le sol.

– Oh, Gus !

La taille prise, les seins inconsciemment bombés, les jambes mêlées à celles de son soupirant, elle ne regrettait rien.

Lui, penché sur elle, se perdait dans la profondeur de son regard liquide. Il savait, pour avoir eu tant de femmes, qu'elle s'offrait, et il mourait d'envie d'écraser ses lèvres sur les siennes. Mais il ne voulait pas, pas avant d'avoir parlé.

Il saisit une pierre et la jeta dans le noir. En tendant l'oreille, ils l'entendirent dévaler la falaise. Pauline pâlit à l'idée qu'elle venait d'échapper au vide.

– Viens, je vais tout te dire, même ce qui me fait mal, même ce qui me fait mourir de honte, même ce qui va sans doute te séparer de moi à jamais. Oui, je vais tout te dire. Montons dans la maison que Justin m'a prêtée. Lui m'a recueilli malgré ma disgrâce… Malgré tout.

Impressionnée par la gravité du ton et le tutoiement soudain, Pauline ne répondit rien et suivit Gustave.

Le chemin qui débouchait derrière la cure, en bas, fut parcouru en silence.

Gustave tout à coup s'arrêta, méfiant :

– C'est étrange.

Sur la droite, un son inquiétant. Pauline sentit une panique la saisir, la chair de poule envahit la peau de ses bras. Gustave lui posa les épaules contre le mur de la cure, encore chaud du soleil, en lui demandant tout bas de l'attendre. Puis il avança prudemment vers le bruit rauque, son briquet allumé devant lui.

Le petit chanoine était là. Sur le ventre, la tête tournée dans sa direction.

– La con de Manon !

Les yeux du jeune moine était vitreux, mais il reconnut la voix de Gustave et chuchota :

– Gustave, la châsse…

C'était la fin, une bave rosâtre sortait de sa bouche. Gustave approcha son oreille.

– … Ils la cherchent.

Puis il eut un dernier hoquet et mourut.

Gustave l'attrapa par la soutane et se rendit compte que ses mains étaient pleines de sang. Son regard descendit vers la gorge du jeune homme. Une mince blessure laissait passer un flot rouge qui lui faisait comme un bavoir sanglant.

Brusquement, il comprit. La châsse, les dollars, l'argent pour le syndicat !

– Gustave ?

– Chut. Attends-moi là, ne bouge surtout pas, dit-il à Pauline dans le noir.

Les assassins étaient encore là ou, en tout cas, certainement pas très loin. Soudain, une main se posa sur sa nuque. Avant de se débattre, il sentit le délicat parfum de Pauline. Malgré son conseil, elle s'était approchée. Il la retint et mit calmement un doigt sur sa bouche. Il ne fallait surtout pas qu'elle s'affole.

Sur la gauche, une voix puissante, rocailleuse, retentit :

– Zé ! Il y a quelqu'un là ! J'ai entendu du bruit ! Allume un peu les phares pour voir.

Le Zé en question s'exécuta, un projecteur fut brusquement dirigé dans leur direction. Un cri.

– Merde ! Incroyable ! C'est la Gamberge ! C'est lui ! Il est avec une cagolette !

Des interjections diverses fusaient, Gustave aperçut des ombres, un groupe d'hommes qui s'agitaient et leur barraient la route.

– Il faut monter. Viens !

Il prit fermement la main de Pauline et l'entraîna en courant derrière la cure.

Pan !

La balle, mal ajustée, écorna un coin de ciment.

Calmement, en peu de mots, Gustave donna des ordres à Pauline. Pour la première fois.

– Tais-toi et cours de toutes tes forces. Fais-moi confiance, je t'en prie. Allons-y ! Si nous voulons nous en sortir, c'est la seule solution !

Ils contournèrent la cure au son des altercations diverses. Ça s'agitait drôlement, de l'autre côté. Et ça s'organisait, car les voyous s'étaient scindés en deux groupes pour les prendre en tenaille.

– Monte, vas-y, monte !

Derrière, on piaillait d'impatience.

– Chopez-les !

– Je les vois plus !

– Canardez-leur dessus !

– Visez les jambes, il me les faut vivants !

Tout à coup, un des hommes de la bande les repéra :

– Ils montent à la Vierge !

De nouveau des bruits de course. Un des malfrats tenta de démarrer son moteur de voiture, qui résista. Et puis encore des coups de feu. Mais toujours à côté. Ils cavalaient de toutes leurs forces. La main de Pauline, musclée, ferme, dans celle de Gustave.

Quand ils arrivèrent au pont-levis, elle était à peine essoufflée.

– On continue !

Ils entendirent derrière eux des pierres qui roulaient, leurs poursuivants n'étaient pas loin ! Ils entrèrent dans la crypte et refermèrent soigneusement la porte à clef.

– Ouf !

– Ne nous réjouissons pas trop vite, c'est désert ici, il n'y a pas de gardien, et même si la serrure paraît solide, je sais que ces manjiapans ne vont en faire qu'une bouchée.

Effectivement, les cris s'étaient rapprochés. Brusquement ils furent là, tapant à coups de poing sur le chêne vénérable. Pauline était outrée par ce comportement sacrilège à ses yeux.

– Ils n'oseront pas fracturer la porte d'un lieu saint ?

Gustave sourit cynique.

– Hou là ! Ils vont oser bien plus !

Dans la nuit, une sirène de bateau retentit. La jeune femme sursauta en sentant le sol en mosaïque vibrer.

– Qu'est-ce que c'est ?

– C'est rien. Simplement un bateau…

Elle frissonna.

– C'est effrayant, non ?

Mais Gustave n'avait pas l'esprit aux discussions ésotériques, ce qui l'importait présentement, c'était de les tirer de là.

– Allons !

– Où ?

– Dans la statue.

Déjà, la porte craquait. Sous l'effort conjugué de trois hommes et de deux pieds-de-biche qui ne quittaient jamais les coffres de leurs voitures, les gonds cédaient.

– Vite !

Il ne lui laissa pas le temps de s'interroger, il l'entraînait rapidement dans la pièce du bas, qui faisait office de hall. Avant de rentrer dans la statue, il referma soigneusement la porte en fer à l'aide du gros verrou de métal soudé.

– Au moins, celle-là, ils auront un peu plus de mal à l'ouvrir.

Mais il ne se faisait aucune illusion. À plus ou moins long terme…

Dans l'escalier étroit, Pauline ouvrait des grands yeux, découvrant l'étrange armature en métal qui composait l'intérieur de la Bonne Mère. Les poutrelles, l'escalier en colimaçon et, là-haut, les deux tables, les chevalets et les yeux-fenêtres qui s'ouvraient sur l'infini où brillaient les étoiles. Gustave alluma rapidement deux chandelles enfoncées dans des bougeoirs en fonte, qui diffusèrent alors une belle clarté dans la pièce.

Pauline murmura :

– Le cœur du monde !

Et puis son regard tomba sur son portrait, posé là, sur la table.

– Mais… c'est moi ?

Gustave fut affreusement gêné. Il tenta de le lui enlever des mains.

– Heu… oui, enfin, je me suis un peu inspiré de toi… Mais c'est maladroit… et je dois progresser. Ne regarde pas, c'est une esquisse.

Elle résistait fermement. Bouleversée.

– Oh ! Gustave ! Maladroit, ce tableau ? Tu plaisantes ? C'est tout simplement magnifique ! Mais ça me fait tout drôle, tu sais. Tu as beaucoup de talent et… je ne trouve pas de mots pour exprimer mon admiration.

Elle l'attrapa brutalement et l'embrassa sur la bouche.

– Tu me fais un effet… Tiens, regarde, quand tu me touches, j'en ai la chair de poule ! Et plus il y a de gens qui nous courent après et nous tirent dessus et plus tu es beau !

Devant Gustave rendu muet par sa fougue, elle réalisa ce qu'elle venait de dire et rit. Puis elle aperçut sous la table les autres tableaux. Elle les tira de là et commença à les regarder. Il n'essayait même pas de l'arrêter. À chaque toile, elle s'extasiait. Le tableau du bossu la troubla particulièrement. Gustave raconta, en l'abrégeant, l'histoire du vendeur de journaux.

– Pauvre homme ! Et ça ? Qu'est-ce que c'est ?

Elle montrait la châsse avec son terrible secret.

– Ça ? C'est la cause de tous nos ennuis !

Ils fixaient tous deux la boîte rectangulaire en silence. Dehors, des vociférations encore, des cris enragés. Il la prit contre lui.

– Ne me regarde pas. J'ai honte…

Elle le repoussa violemment.

– Non ! Je veux pouvoir te regarder ! Quoi que tu aies pu faire. Et j'exige que tu me regardes aussi ! Allons !

Elle lui releva la tête et plongea ses yeux clairs, innocents en plein dans les siens.

– Promets-moi que plus jamais tu ne baisseras la tête. Jamais ! Même si tu as mal fait, d'accord ? Ne crains pas l'avenir, aie confiance en ton intelligence, en ta force créatrice. Et ton désir, que je sens, là…

Gêné, il se rendit compte qu'elle s'était aperçue qu'il bandait.

– Que crois-tu ? Que je suis bêtasse. Vierge, oui ! Mais pas courge. Je sais ce qu'est un sexe d'homme et comment ça marche. Je vois que tu as envie de moi maintenant ! Alors je veux que tu me dises ce que tu as fait. Et je le veux tout de suite.

Encore un silence, ponctué et pollué par l'extérieur noir. Gustave saisit la châsse et déverrouilla le compartiment secret, libérant les dollars. Elle ouvrit de grands yeux ronds.

– Eh ben ça !

Elle saisit une liasse et, doucement, sortit un billet.

Elle se tourna vers Gustave :

– Tu veux dire que la mort du curé, ces hommes qui nous poursuivent… c'est à cause de cet argent ?

L'argent, quand on n'en'a jamais manqué, c'est facile de le regarder comme ça, avec une grimace de dégoût. Oui, l'argent et le pouvoir.

Sans rien dire, ils échangeaient déjà les premiers serments d'amour. Il n'entendait plus les coups de boutoir contre la porte en fer qui gémissait, non. Il lui dirait les choses de la vie. Le côté sombre du monde, et sa propre noirceur… Et elle lui apporterait le reste : la douceur, la confiance en l'homme, le partage, l'amitié. Et l'amour. Il ferma les yeux et, soudain, se sentit invincible.

En bas, de l'autre côté de la porte, des cris de triomphe et un bruit de forge.

– Qu'est-ce que c'est ?

Il sourit.

– Ils sont allés chercher du gaz et un chalumeau. C'est pas les copains cambrioleurs qui leur manquent ! Ils vont percer un trou dans la porte. Il faut fuir.

– Mais où ?

Elle regardait en tous sens, ne voyait pas d'issue.

– On ne pourrait pas leur donner l'argent ? Peut-être que…

Il se rappela les voix qui parlaient de syndicats créés pour combattre activement le désir de justice, d'égalité d'un peuple… Il secoua la tête.

– Non. Pas avec ces hommes-là. On en sait trop, ils ne peuvent plus nous laisser en vie.

– Mais alors ?

Il la saisit par la taille, compensant la différence de hauteur en la hissant jusqu'à sa tête. Il se sentait fort.

– Pauline, veux-tu m'épouser ?

Elle rougit.

– Je sais que je ne suis pas de ton milieu et que je ne t'ai pas encore tout expliqué, mais je suis prêt aujourd'hui à assumer toutes mes contradictions. Et à te protéger contre tous.

Elle sourit tristement.

– Crois-tu que je suis ainsi ? Que je fais entention à la différence sociale qui nous sépare ? C'est une frontière artificielle, et quoi que tu aies pu faire, je sais lire dans ton cœur. Je sais qu'il est pur. Je t'aime, et oui… je suis prête à devenir ta femme.

- Alors, passe devant et fais-moi confiance. Vite !

Il chopa le long cordage roulé que Justin avait gardé en souvenir d'un petit pointu qu'il avait eu dans le temps et poussa Pauline dans l'escalier.

– Monte !

Ils grimpèrent jusqu'à la trappe qui fermait le sommet de la tête de la Vierge. Elle se présentait comme une fermeture de sous-marin. Il la dévissa vivement et elle s'ouvrit sur un air marin qui les décoiffa. Ils dominaient tout. Sur cent quatre-vingts degrés, Pauline vit Marseille comme jamais elle ne l'avait vu. Criblée de points lumineux, la ville s'étalait, enchâssée dans les criques de montagnes. Elle repéra le David, dont on ne voyait que le dos, et la gare Saint-Charles, Saint-Victor et ses tours crénelées et, plus à l'ouest, La Vesse, Niolon, La Redonne, Carry-le-Rouet, Sausset-les-Pins, la Couronne, Carro, le port de pêche thonier, Bonnieux, Fos…

Les nuages, éclairés par la lune, passaient à côté d'eux, mus par des forces invisibles. Amicaux.

Gustave respira largement.

– Des fois, quand je pense à toi, je monte ici et je rêve que je peux t'emmener vers des pays libres où personne ne me connaîtrait.

Les bruits de soufflerie s'intensifiaient en bas.

Il redescendit pendant qu'elle écoutait, inquiète, l'apparent progrès des hommes du milieu. Quand il repassa la tête par le trou, Gustave portait une barre en acier.

– Vite, ils ont presque réussi.

Il referma soigneusement le sas rond et le bloqua avec la barre d'acier.

– Bon. Avec ça, nous sommes tranquilles le temps que je t'explique. Parce que, maintenant, ça devient délicat.

Il fit un nœud de marin avec l'une des extrémités du cordage sur une des flèches de la couronne dorée et balança le reste dans le vide. Ils regardèrent la drisse se dérouler.

– Une belle balade !

Pauline comprit.

– Nous allons descendre le long de cette corde jusqu'en bas. Tu vas t'accrocher à mon cou.

Une clameur. La porte avait dû céder.

– Et il va falloir se grouiller.

Elle ne discuta pas, s'accrocha aux épaules de Gustave et ferma les yeux. Elle ne se sentait pas de voir ça.

Gustave assura bien ses mains, ses pieds, escalada la couronne et commença la descente.

Il avait fait couler la drisse sur le dos de la statue pour que leurs poursuivants ne puissent pas la voir par les yeux évidés de la statue et la couper. Il se laissait aller, utilisant en guise de frein la corde passée entre ses pieds.

Ils glissaient sur le métal, assez facilement. Il avait l'impression de nager sur une mer d'or. La statue dégageait encore la chaleur du soleil et il pensa fugitivement qu'elle était de chair, qu'elle vivait. Il frissonna et poursuivit courageusement sa descente.

Ils étaient arrivés sur la petite corniche ronde qui constituait le support de la Vierge. Elle donnait sur une terrasse encadrée d'anges armés de trompettes, qui, fièrement, soufflaient la bonne nouvelle aux quatre directions de l'horizon.

La Bonne Mère veillait sur la ville !

En prenant pied sur le sol ferme, Pauline ouvrit les yeux.

– Ça y est ?

– Pas encore. Mais la première partie s'est bien passée.

Gustave envoya une impulsion sur la corde qui, là-haut, se détacha. Puis il l'attacha cette fois-çi autour d'un ange.

Et la descente reprit. Ils croisèrent sur leur chemin le bourdon de huit mille deux cent trente-quatre kilos avec son battant de trois cent quatre-vingt-sept kilos, qui sonnait sur la ville depuis un siècle pour annoncer peines et joies. Pour l'instant, il était bien tranquille, immobile, comme mort dans son logement de pierre.

Arrivés sur le toit, ils se mirent à cavaler, car une clameur venait d'en haut et immédiatement on recommençait à les canarder.

– Il faut sauter, là.

Du bord du toit, le sol rocailleux leur apparaissait, tentant. Pauline protesta.

– C'est haut !

– Non, c'est rien. Je vais me laisser pendre, tu vas descendre accrochée à moi comme si j'étais une corde ! Après, il te suffira de te laisser tomber, ce ne sera plus très haut, fais-moi confiance.

Il ne lui laissa pas le temps de réfléchir et, les mains bien assurées, il se laissa agripper. Quand elle passa au niveau de son cou, la jeune femme lui embrassa l'épaule et glissa :

– Je t'aime.

Ému et surpris, il manqua lâcher prise. Mais, déjà, Pauline était passée au niveau de ses genoux. Elle n'était pas très lourde et elle tomba en un roulé-boulé que n'aurait pas désapprouvé un judoka confirmé.

Il se réceptionna plus lourdement. Elle était là, à côté de lui. Une pensée fugace traversa sa conscience : elle serait toujours là, maintenant…

– Ils vont encercler la colline mais je connais un endroit que m'a montré Justin. Il nous suffit d'atteindre la montée de l'oratoire… Cours !

Pauline, en espadrilles, courait en faisant des bonds sur les rochers de la colline de la Garde. Près du pont de l'Ascenseur, ils prirent à droite une pente sévère qui la fit tomber sur les fesses. Il était déjà près d'elle, inquiet. Mais elle se relevait, confuse en pensant aux fameux bleus qu'elle aurait demain sur le tafanar.

Tout à coup ils débouchèrent dans une rue pavée. Une maison avec une fenêtre encore éclairée. Gustave connaissait son affaire : avec Justin, ils avaient souvent emprunté ce passage secret, peu connu des Marseillais. Les novis arrivaient dans la montée de l'oratoire.

– Vite !

Une descente pompeusement appelée avenue des Villas les menèrent boulevard Gazzino. Puis la traverse Gondran, pleine de ronces et de figuiers sauvages. Ensuite à gauche, une haute arcade de soutènement. Ça y était ! Ils se retrouvèrent dans des jardinets déserts.

– Enfin !

De la cave-abri du 26 de la rue Cherchell à celle qui débouche au 66, boulevard Notre-Dame, les voilà bientôt sortis du piège de la colline de la Garde !

– Maintenant, le port.

Il ne pouvait pas y échapper, il fallait lui dire, même brusquement, qu'il ne pouvait pas rester là, coincé entre la police de la République et le milieu.

– Je dois partir.

– Comment ça ? Tu dois…

– Enfin… moi, oui… je dois absolument me tirer tout de suite. Si tu veux rester, je pense que tu pourras t'escaper de la horde qui me poursuit, mais moi…

L'urgence et le désir de lui expliquer tout en détail hachaient le flot de ses paroles.

Pauline le fixait farouchement :

– Mais enfin, ces hommes ont donc tant de pouvoir ? Nous ne pouvons pas faire appel à la police ?

Il secoua la tête en soupirant :

– Justement non.

Son regard vacilla, elle lui serra la main. Sa décision était prise :

– Bon, très bien, je viens avec toi. J'ai mis tant et tant de temps à te trouver, je ne te lâche plus. Il faudra que tu me supportes, où que tu ailles !

Il n'osait espérer.

– Nous devrons quitter la France. Tes amis, ta famille…

Lui, il n'avait que Justin. Il lui écrirait, lui expliquerait tout…

– Nous allons où ? coupa-t-elle.

– Je ne sais pas encore. Tu n'as pas peur ?

– Avec toi, jamais !

– Et tes parents ?

Elle lui avait souvent parlé des sentiments qui la reliaient à eux et, quelquefois, il en avait même été jaloux. Avoir une famille !

– Je ne les perds pas définitivement ! Et puis, ils voyagent énormément, ils pourront toujours venir nous voir, non ?

– Quand nous serons mariés.

Elle lui sauta au cou.

– Oui, oui, oui ! Quand nous serons mariés !

Elle réfléchit un moment puis ajouta :

– Mais il ne faudra pas que les fiançailles durent trop longtemps…

Il était très fier de sa femme. Courageuse, déterminée et… amoureuse. Elle se serrait contre lui et soupirait. Dans ses yeux passait déjà le regret d'abandonner cette ville. Collés l'un contre l'autre, ils descendirent jusqu'au port en empruntant des travioles peu éclairées…

En fait, il savait où il allait. Avant de se faire choper et qu'on lui mette aux pieds des chaussures en béton, il était déjà en train de préparer sa fuite.

19

La barquette l'attendait sagement. Calfatée et repeinte de neuf. Le moteur, un Baudouin, mécanique marseillaise increvable mais quand même révisée de fond en comble. Eau, essence, conserves, sucre, café, cigarettes, et aussi cabans, pulls et couvertures, les nuits pouvaient être fraîches en mer. Il y avait également un attirail de pêche, palangrotte, hameçons, plombs… Oui, il avait pensé à tout et ils pouvaient embarquer pour un bon moment.

Ils arrivaient vers la criée et se cachèrent. Pour passer du côté mer dans la rue qui séparait le quai, Pauline rabattit son châle sur la figure et Gustave baissa la tête. Deux ombres !

Personne ne les interpella, pas de cris.

Il lui prit la main et ils empruntèrent la panne sur la gauche. Il était là, entre deux grosses barcasses sans charme.

À dache.

– C'est un tout petit bateau, mais il va nous emmener au bout du monde. Je l'avais préparé pour un voyage, il y a maintenant… longtemps.

Le regard de Pauline était admiratif, radieux.

– Décidément, tu me réserves bien des surprises. Il y en à encore beaucoup ?

– C'est la dernière, jura-t-il en chuchotant.

Le petit bateau, avec sa voile latine ferlée autour du mât de bois, était peint de blanc, avec le bordage d'un joli bleu rehaussé par un trait de la même teinte, mais plus foncée. Elle était drôlement élégante, la petite barcasse.

Gustave sauta sur le pont et tendit la main à Pauline.

– Monte ! On va pas traîner, ce serait tout de même couillon…

Elle grimpa lestement sur le bâtiment qui oscilla légèrement sous son poids. Elle sentait l'âme délicate de l'artiste dans le moindre recoin bien rangé.

– Allez, zou ! On y va. Installe-toi à l'arrière, tiens, juste à côté du safran.

Pendant qu'il s'affairait, elle le badait. Il était grand et bien fait, celui sur lequel elle avait jeté son dévolu. Et puis… on ne peut pas dire qu'on s'ennuyait dès qu'il était là. N'empêche, elle avait eu drôlement peur ! En y repensant, elle frissonna.

Il avait ouvert la santenne à l'avant.

– Regarde, quand tu auras froid ou sommeil, tu pourras te reposer là.

Une couchette étroite et arrangée avec goût était située à cet endroit libre du bateau, juste après le moteur.

– Je n'éclaire pas pour ne pas attirer l'œil, mais quand on sera en mer, si tu en as besoin, j'ai installé une petite lumière.

Elle secoua la main :

– Ça me va très bien.

Il installa la voile, qui, à peine gonflée, voulait déjà entraîner le pointu vers le large. Il s'approcha de Pauline et lui prit les mains.

– Écoute. Nous allons utiliser uniquement la voile. Alors, il faut que tu m'aides. Pendant que je dénoue les bouts, tu maintiendras le pointu stable, comme ça.

Elle resta parfaitement calme.

– Bien. Je suis la femme d'un navigateur, il est tout à fait normal que je sache faire tout ça.

Il rit.

– Tu apprendras ! Tu verras, ce n'est pas très difficile.

Dès que les cordes les reliant au sol ferme filèrent, le bateau se mit à tanguer. Gus saisit le safran et se mit au vent.

La sortie du port se fit dans un sillage parfait. Gustave était un bon marin. La Vierge de la Garde les regardait, tache dorée dans la nuit. Ils restèrent silencieux, chacun plongé dans ses pensées.

Gustave avait passé son bras autour des épaules de Pauline.

Sans rien dire, ils sortirent du Lacydon, doublèrent le Frioul.

– J'espère que tu n'auras pas le mal de mer !

Elle sourit gentiment et murmura :

– Il ne peut plus rien m'arriver. Je suis ici… Tu es là.

20

La première nuit fut la plus belle. Un temps magnifique pour faire de la voile. Et puis un sentiment de liberté. Ils avaient oublié les ennuis, les malfrats restés tanqués là-haut comme des ravis. Oui, la liberté retrouvée, le désir de partance... Ils avaient l'âge où l'on ne se retourne pas. Ils firent quand même halte aux Saintes-Maries-de-la-Mer pour écrire aux parents de Pauline de ne pas s'inquiéter, qu'ils leur donneraient plus de nouvelles bientôt. Et puis elle envoya à son notaire une lettre lui demandant de mettre le restaurant en gérance. Justement, elle avait quelqu'un qui pourrait très bien s'en occuper. Un dénommé Titin, un peu jeune bien sûr, mais qui avait toutes les qualités requises.

Gustave, lui, écrivit à Justin qu'il lui enverrait quelque chose pour qu'il l'utilise comme bon lui semblerait...

Une fois le courrier posté, ils repartirent sous un beau soleil. Gustave, tout excité, n'avait pas sommeil. Pauline, malgré ses paupières qui se fermaient toutes seules, ne voulut aller dormir que lorsque les dauphins qui les accompagnaient depuis un bout de chemin eurent disparu.

Ils voyagèrent comme des boumians. De sauts de puce en sauts de puce le long de la côte. Gustave n'avait pas de carte et suivait tout simplement la terre. Il savait que, d'une façon ou d'une autre, ils arriveraient en Espagne. Pour plus de sécurité, ils ne s'arrêtèrent que dans des villages ou des criques désertes.

Plus tard, beaucoup plus tard, Pauline se souviendrait, avec émotion, de ces premières haltes dans des paradis de solitude, là où la nature semblait avoir été créée pour leur amour. Surtout la calanque minuscule près de l'Espagne. Elle n'avait pas dormi, ou très peu, elle avait tenu à rester près de lui toute la nuit et ils avaient parlé…

Le paysage ressemblait beaucoup à celui de Marseille. Les mêmes pins, les mêmes rochers blancs. La calanque tortillait, comme un fjord, pour se terminer enfin par une plage de galets ronds. L'eau était tellement claire et belle qu'il eut envie d'y plonger. Après avoir fait du bruit et des éclaboussures comme tout Méditerranéen qui se respecte, il s'était approché d'elle, les cheveux dégoulinants, la peau cuivrée, le corps mince, musclé, les dents étincelant au soleil. Elle n'avait pas pu résister et l'avait attiré. Son sexe allait et venait comme la mer sur les galets.

Le même rythme.

Oui, les souvenirs, en vieillissant, deviendraient étrangement plus nets, plus forts, plus proches.

Ils firent escale dans un petit village près de Barcelone, et Gustave pu ainsi téléphoner à son vieil ami Jésus. Ils se retrouvèrent dans un bar, derrière une église sans âge. Les deux hommes furent heureux de se revoir après tant d'années.

Jésus alla tout de suite dans le concret :

– Qu'est-ce que tu veux ? Tu as besoin de quoi ?

Gustave n'y avait pas été par quatre chemins.

– Des papiers et deux billets pour un pays où l'on n'ira pas nous chercher.

Jésus avait réfléchi une seconde ou deux, puis lui avait demandé ce qu'il pensait du Brésil.

Gustave s'était tourné vers Pauline, inquiet de sa réaction. Celle-ci avait tapé des mains avec enthousiasme.

– Je rêve d'y aller depuis toujours ! Et je crois que papa a de la famille à Salvador de Bahia ! Il paraît qu'il y a un carnaval en février vraiment épatant !

– C'est d'accord, va pour le Brésil.

– Bon, je vous trouve ça pour dans une semaine environ. Je sais qu'il y a un cargo qui part pour chercher du roucou de Cayenne, du jus de réglisse et de l'ébène. Ouais, ça va coller, revenez dans une semaine, à la même heure.

– Tu pourras me vendre mon pointu ? Je t'indiquerai où il est.

Le vieil insoumis avait haussé les épaules :

– Bien sûr. Ce n'est pas un problème. Ne traînez pas trop dans le quartier, c'est plein d'indics et de condés.

Des drôles de gueules, dans ce bouge. Des marins tatoués, des paysans au regard clair, des mineurs des Asturies, noueux, un mouchoir à la bouche. Il semblait à Gustave voir dans leurs poitrines les muscles… Lorsqu'ils étaient entrés dans le bar, tous avaient jeté un regard sur eux, la main dans la poche ou sous la table. Il avait fallu que Jésus leur ouvre les bras pour que les épaules de la salle se détendent enfin.

La jeune femme était ravie.

21

Le vieux tint parole. Une semaine plus tard, ils embarquaient sur *Le Saudade,* un joli petit cargo appartenant à une compagnie portugaise.

– Vous allez prendre votre temps. Trois mois de voyage, avec un arrêt aux Antilles françaises, à la Barbade et en Guyane.

Le vieil ami avait paru tout à coup songeur.

– Quand je pense que, moi, je ne connaîtrai jamais ça !

Il avait soupiré et bu son verre d'absinthe d'un coup.

– Enfin, c'est la vie, non ? On peut pas revenir en arrière. Et puis… on a besoin de moi ici.

Il donna à Gustave un petit sac en papier.

– Écoute petit, dedans il y a vos billets et vos passeports. Vous êtes le couple Micoulin et vous venez de Paris. En voyage de noces. Je crois… je crois que c'est la vérité ça, non ?

Pauline remercia Jésus en lui serrant la main timidement, tandis que Gustave l'embrassa. Dans le même temps, il lui glissa à l'oreille : « Y à du fric là-dedans », et déposa fermement une enveloppe dans la poche du vieux. Celui-ci voulut refuser, mais Gus le tenait solidement.

– Tu en fais ce que tu veux, je sais ce que coûtent les faux fafs. Si t'en veux pas, eh ben… disons que c'est pour l'œuvre.

Mais il y a aussi une autre enveloppe pour un homme qui est mon frère à Marseille. Il faudrait que tu la lui fasses parvenir. Y a son adresse…

– T'en fais pas, ce sera fait.

– Je sais.

Le reste se passa comme l'avait indiqué l'anar. Le rendez-vous avec le commandant, un Catalan silencieux, la traversée, le voyage de noces.

Le plus difficile, c'étaient les escales où ils devaient rester cloîtrés dans leur minuscule cabine et, depuis le Cap-Vert, la température était montée. Ils troquèrent leurs vêtements de laine pour des matières plus adaptées à ces chaleurs.

Et puis, un jour, le capitaine en personne était descendu taper à leur porte :

– Venez voir le spectacle, nous arrivons.

Ils s'étaient habillés à la hâte pour ne pas manquer l'arrivée dans la rade de Rio.

La beauté du paysage était telle qu'ils en furent frappés et restèrent un moment comme ça, bouche bée.

– La con de Manon ! On dirait la rade de Marseille.

– Regarde ! Il y a même la Vierge de la Garde !

Effectivement, au loin, une tache blanche, immaculée, perchée sur une montagne, dominait tout.

Leurs cœurs vibraient à l'unisson à la vue du symbole régnant sur la ville brésilienne. Le capitaine les renseigna en grognant :

– Non, c'est pas une vierge… C'est le Corcovado avec, en haut, un christ. Les Brésiliens en sont très fiers.

La brunette remarqua :

– Il manque les gabians…

Et Gustave posa une drôle de question d'une voix pensive :

– Je me demande si la tête de ce christ est creuse ?

Le marin ne comprit rien.

Quelques mots...

Abrutir : terme de peintre. Fondre excessivement les couleurs jusqu'à annuler le volume.
Adoucir : terme de peintre. Atténuer les contours, une valeur ou une couleur. On confond souvent avec l'action de blairoter ou de fondre la couleur.
Aïgo boulido : eau bouillie. Une espèce de soupe faite d'ail, de sauge et d'eau qui a toutes les vertus, au point que « *l'ago boulido sauvo la vido !* » (L'aïgo boulido sauve la vie !)
An pèbre : du temps ancien où, selon Bouvier, la pébrine, maladie du ver à soie, était tombée sur nos pauvres vers de Provence.
Balalin-balalan : du provençal. Cahotant de droite, de gauche.
Bavarelle : petit poisson assez laid, à la peau gluante, assez mauvais nageur et guère bon à manger.
Bouléguer : du provençal *bouleguer,* bouger.
Con à la voile : des Génois qui seraient venus à la voile, *con volo...*
Con de Manon : alors là, je ne sais vraiment pas pour quelle raison un bout de cette pauvre Manon se retrouve là !
Dégun : du provençal. Personne.
Déraber : arracher.
Entention : attention.
Estrambord : un beau bordel ! Ou un afflux d'enthousiasme.
Estranger : du provençal *estrangié,* étranger.
Fan de chichourle : fan c'est l'enfant, et la chichourle est un petit fruit qui ressemble un peu à une olive, le jujube.
Fatche : face, figure.
Galéjer : du provençal *galejaire*. Raconter des histoires un peu exagérées.
Goper : attraper.

Manjiapan : du provençal *manjo-pan, mandjapan* ou *mangia-pan* (mangeur de pain). En fait, pauvre hère, mendiant.
Niston : enfant.
Palangrotte : ligne de pêcheur enroulée autour d'un morceau de liège.
Pescaïre : pauvre.
Quiller : distancer.
Risade : se marrer.
Tchabanes : un orage se prépare, il va nous tomber sur le crâne des trombes d'eau.
Viole : une bazarette… Enfin, une grosse bavarde quoi !
Zboube : sexe masculin.

Cet ouvrage a été imprimé par
CPI Firmin Didot à Mesnil-sur-l'Estrée
en février 2012

Composition Au-delà du raisonnable

ISBN : 978-2-919174-04-1
Dépôt légal : février 2012
N° d'impression : 110007
Imprimé en France